下午茶——小息生活提案

作者 / 徐振邦以及一羣本土青年寫作人

下午茶——小息生活提案

作者／徐振邦以及一羣本土青年寫作人
策劃編輯／呂瑋宗
責任編輯／伍詠慈
美術設計／陳詩韻
出版發行／突破出版社
香港沙田亞公角山路33號突破青年村
電話：2632 0000　傳真：2632 0388
電郵：breakthrough@breakthrough.org.hk
網址：http://www.breakthrough.org.hk
http://www.btproduct.com
承印／陽光（彩美）印刷有限公司
2018年2月初版1刷

Make Time for Tea Break
by Chui Chun Pong et al.
First Printing, First Edition, February 2018

Printed in Hong Kong
ISBN 978-988-8392-68-1

誠邀閣下就突破出版社的書籍發表意見
歡迎加入突破書籍 Facebook page — http://www.facebook.com/btbooks.page

本書採用環保油墨印刷

社會文化

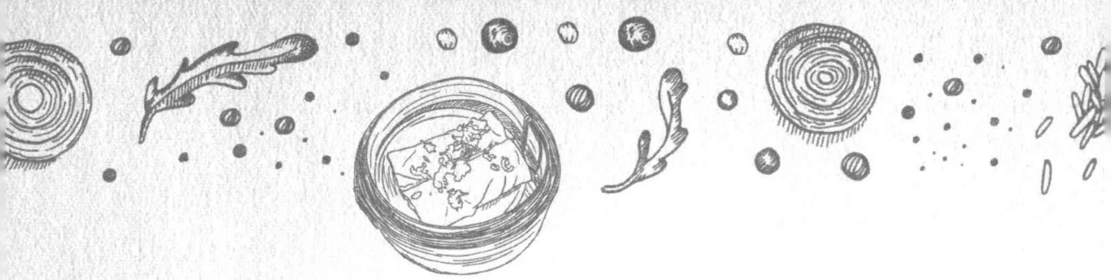

目錄

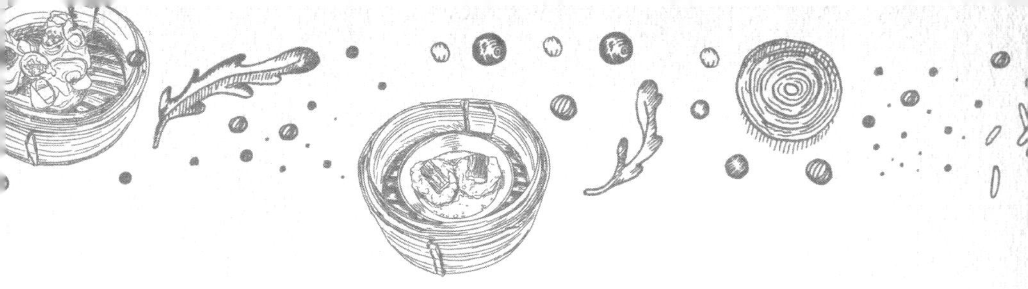

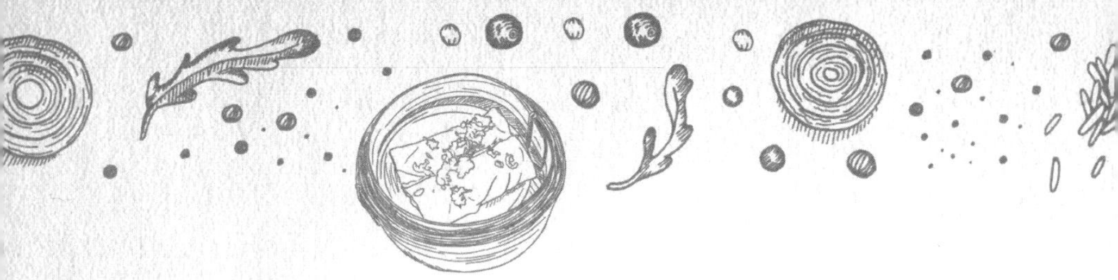

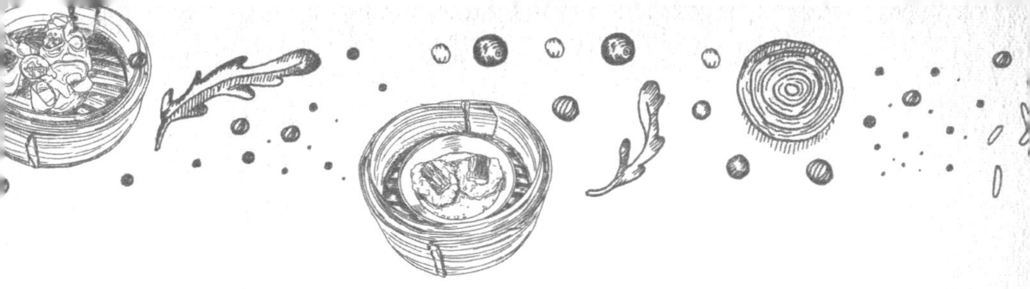

編者序

歎下午茶是善待自己

/呂瑋宗

提起下午茶，通常令人聯想起開心快樂的時光。它不是正餐，沒有填飽肚子的任務；也沒有進食地點和食物種類的限制，故此容易讓人藉以暫時脱離生活顧慮和壓力，進入相對輕鬆寫意、自由自在的身心狀態。編者覺得，用「歎」這個字來形容下午茶最適合不過；歎，是很多人的願望和期許，你同意嗎？

大家在成長過程中，都嚐過不同類型的下午茶，例如茶餐廳茶餐、中式酒樓點心、酒店英式Afternoon Tea、學校小賣部零食，及街邊檔口小食等。或許，食物的色香味都忘記了，也難以用文字或言語精準地表述，不過當時同行者的面容、情緒、氣氛、話題，以及瑣碎的生活細節，卻長留在腦海中。不少人重臨闊別多年的食肆，被一杯絲襪奶茶、一個蛋撻勾起無數往事，百般滋味在心頭。

下午茶由英國傳入香港，原本是悠閒的玩意，讓人在日常生活中小息；每天在下午歇一歇、補充體力和精神，是生活的需要和權利。不過，隨着現代人工作和生活習慣改變，連午餐也不能準時吃；下午茶的角色也逐漸被扭曲和變質，淪為忙碌生活夾縫中的「正餐」，食客要在飢餓、匆忙的狀態下把食物倒進肚中，漸漸喪失「歎」的初心。

下午茶正好是現代人的寫照：我們愈來愈缺乏時間和心情，去咀嚼、享受食物和人生的滋味；逐漸變得麻木，食不知味，寢不遑安……

徐振邦以及一羣本土青年寫作人，嘗試以他們的歷史文化、文學角度和個人經歷，喚醒大家在那些年吃奶油多、喝紅豆冰的快樂回憶；反思現況，建立一套小息生活提案。

編輯手法方面，捨棄了傳統社會文化書籍的編年敘事模式，改以歷史文化掌故及文學故事穿梭交錯，在虛實、矛盾之間牽動大家的食慾與思緒。編者鼓勵大家要善待自己，重拾歎下午茶的初心；就算下午茶變成了正餐，也要抱輕鬆的心情慢慢享受，千萬不要被生活壓力磨滅啊！

前言

今個下午，你想吃什麼呢？

/徐振邦

對於吃，老實說我並不是專家。不過，在香港這個美食天堂生活，幾乎人人都能化身成食家，隨時為食肆、食物打分點評。雖然我是一個名實相符的「吃貨」（註一），但自己吃得不夠專業，配不上食家的名號。由於點評沒說服力，所以懶得寫食評一類的文章。儘管如此，我也試過從自己的歷史文化的角度，分享關於吃的回憶和話題，自此對這個範疇產生濃厚的研究興趣。

2016 年，我獲香港公共圖書館邀請，擔任第十一屆香港文學節的寫作講座嘉賓。那年主題是「我想文學」，跟作家周淑屏小姐一同分享題目「人生滋味」。當時大會為講題下了定義：「文學作品不少以食物作為主題，舌尖上的甜、酸、苦、辣都啟發作家寫作的繆思，藉飲食滋味論人生境況和對生活的探索，以味蕾訴說出時光流動的記憶，以文字書寫隱藏於飲食中的人生故事。」

這是我唯一以飲食為題的講座，當中分享了很多吃在香港的故事，並探討香港的飲食歷史文化。講座後，我覺得可以寫一本相關的書，於是，選定了「下午茶」。

追憶下午茶時光，卻想不起食物味道

我記不起在何時認識下午茶，大概在兒時，印象中如果老爸在星期六下午不用上班，就會帶我和姐姐到家附近的茶餐廳。那年，我還未夠十歲，記憶十分模糊，不過可以肯定，當時在下午往茶餐廳用膳，就叫「歎下午茶」或「吃下午茶」[(註二)]。那時候，這種說法還不太流行，一般的用語是「吃三點三」，近年卻說「食Tea」。

當時，我住在慈雲山舊邨，歎下午茶的茶餐廳叫信興[(註三)]。現在，舊邨已拆卸，信興已結業多年，我只能依稀記得茶餐廳的格局，不過印象仍殘留在心底。

信興只是一所尋常的茶餐廳，沒有種類豐富的美食，提供的選項不多。當時我只是個幾歲的小孩，可選擇的食物更少。在我的記憶中，吃的有菠蘿油、蛋撻、西多士；飲品只有阿華田、好立克、紅豆冰之類，偶爾我會點一瓶凍鮮奶。雖然選擇不多，但跟着老爸外出逛逛，感覺還是不錯的，至今仍記憶猶新；至於食品的味道與價格，卻記不起了。

下午茶的印象，就是這樣，印在腦海中了。

長大後，我對下午茶的觀念似乎沒有多少轉變，只是在食物清單中，加入了熱奶茶和凍檸茶。

這些食品很普通，但總算是下午茶的經典；若種類太多，就成不了經典。如果要選出最能代表香港下午茶的特色食物，找出經典中的經典，相信大部分人會想起絲襪奶茶和蛋撻。不過，對於有超然地位的絲襪奶茶和蛋撻來説，「經典」二字還不夠貼切，不足以説明它在下午茶世界的地位，若配上「非物質文化」一詞，就稱得上是「世界級」了。

這樣的話，香港人也應該要了解絲襪奶茶和蛋撻；就算不愛吃這兩種食品，也要盡地主之誼，指引旅客品嚐這些富地道色彩的文化特產，才算不枉居於這美食之都。若要推廣絲襪奶茶和蛋撻，須靠政府加大力度，設計「香港非物質文化遺產下午茶套餐」(註四)，吸引各國食客來港大快朵頤。

儘管絲襪奶茶和蛋撻有崇高地位，説也奇怪，我也少見有食肆的下午茶餐牌上，有絲襪奶茶配蛋撻的配搭（即煞有介事地綁縛成下午茶套餐）；在食肆中，它們充其量只是陪襯的角色，要成為下午茶的主角，似乎很難。難道這個被喻為經典中的經典，卻不能登上大雅之堂？

港人喜愛「抵食夾大件」的茶餐

事實上，香港未能發展出「香港非物質文化遺產下午茶套餐」，除了可能涉及物質上的價值（即利潤問題）外，主要原因是今日不少香港人視下午茶餐為正餐，而不是輕食餐；既然是正餐，絲襪奶茶配蛋撻就不夠分量了，這個組合亦未能為老闆帶來太高利潤。「抵食夾大件」才是今天不少香港人歎下午茶的主要考慮因素，食肆也不得不重新調整市場策略。社會更新蛻變，也牽動下午茶文化轉變。

縱使每個人的喜好、口味和景況不盡相同，但香港勝在食肆多，提供的選擇也多，總會有一款食物或套餐合你口味。如果時間充足及口袋有錢，不妨選擇高級的Afternoon Tea，慢慢享受傳統英式貴族品味，感受高尚的格調；若是肚子餓，要趕上班或剛下班，便建議前往茶餐廳，揀一款分量充足的下午茶餐充飢，體驗由老闆建議的餐飲配搭，或自選大堆喜愛的食物；要是想獨處悠閒休息，又或和朋友談談天，絲襪奶茶配蛋撻也是不錯選擇。下午茶各適其適，任君選擇。

寫到這裏，我也要想想今天的下午茶要吃什麼了。你，又想吃什麼呢？

註一：即貪吃的人。

註二：下午茶時段在午餐和晚餐之間。下午茶並非茶餐廳專利，不少食肆也有供應。

註三：「信興」位於慈雲山舊邨三十三座，以茶底聞名。

註四：縱使「香港非物質文化遺產下午茶套餐」未曾面世，但蛋撻、菠蘿包、港式奶茶製作技藝已入選首份《香港非物質文化遺產清單》，見 http://www.heritagemuseum.gov.hk/documents/2199315/2199687/first_ICH_inventory_c.pdf

貴族式下午茶源自英國，非人人能夠負擔，

茶餐廳才是普遍港人的「飯堂」。

不過只要心態悠然，

酒店餐廳或茶餐廳都一樣能成為小息空間。

1.貴族下午茶、茶記茶餐相輝映

1.1 香港人把High Tea搞錯了

今天，許多香港人都喜歡稱歎下午茶為「食 Tea」。這個詞很地道，但不夠高級，有人把下午茶的名稱升級，稱之為「High Tea」，結果弄出不少笑話。High Tea不是香港的生造字，而是來自英國。下午茶文化源於英國貴族，較常用的英文名稱是「Afternoon Tea」。

於 1840 年，英國貴族Lady Bedford（據説是維多利亞女王的好友）午餐後難抵到晚上八時才進食晚餐，因此在期間享用一頓特別餐飲「頂肚」，食物包括有蛋糕、三文治等小吃，以及印度的大吉嶺茶（Darjeeling Tea），漸漸成為當地上層社會（Upper Class）的潮流。不過，他們並非稱這膳食為High Tea，而是「Low Tea」，因為英國貴族在吃下午茶時，使用較晚膳餐枱矮小之專用茶几。把食物放在茶几上，輕鬆地躺着來吃才體現出真正的貴族享受。

有些香港人認為High Tea一詞品味較高級，能顯示自己的身分地位。其實，英式的High Tea並沒有高檔的意思，相反，是勞動階層對下午茶的稱呼。勞工階層的下午茶稱為High Tea，因為他們坐在廚房或廉價茶館的高桌上吃；而食物亦以肉類、魚、菜或焗豆等果腹食物為主，是草根式的便飯。

後來，有人甚至把High Tea稱為「Supper」，意思為「informal family meal」，即中國人說的家常便飯。據說，隨着18至19世紀照明裝置漸趨完善，勞動階層的工作時間大幅延長，故此須以High Tea來補充體力，不讓貴族專美。

一般人對香港下午茶的論述，是說香港被英國殖民統治期間，當地貴族把Low Tea傳過來，之後被港人平民化，卻少有探討香港有否直接受英國平民的High Tea文化所影響。不過，近年港人常喊着去High Tea，但所到之處卻是提供飽食的平民食肆，似乎也間接承襲了英國勞動階層的High Tea精神。

普羅大眾愛吃下午茶，一句「去食Tea」直截了當。不過，有些不知道下午茶歷史的香港人誤解了意思，以為High是高級，而不知道是指高桌，就普遍採用了High Tea的說法；若不明白箇中意思，在高級酒店大聲說要一客High Tea，就會鬧出笑話來。如果下次有人約你High Tea也不要太過高興，對方的意思可能是：「到茶餐廳食Tea吧！」

路邊下午茶，邊走邊吃

/二友

香港是美食天堂，下午茶的選擇各式各樣。酒店的Low Tea雖然高尚，但更多人喜歡到俗稱「茶記」的茶餐廳歎High Tea。吃件蛋撻，喝杯奶茶，偷聽身後師奶談天，又或八卦一下鄰座的小學生正在做什麼功課。縱使茶記食物和環境簡樸，卻充滿地道風味。不過按我的觀察，最地道、最平民化的下午茶是「掃街」，這才是終極的港式High Tea。

香港人對吃很講究，不少饞嘴的人認為食得是福，那管是高檔食肆還是地攤小店，總之，覺得美味就可以，便衍生出掃街這種飲食文化。所謂掃街，意思是指饞嘴的人逐一光顧街上的手推車小販，由街頭吃到街尾。小販所出售的，都是魚蛋、雞蛋仔、滷味、豆腐花、臭豆腐、車仔麪等廉價、地道的街頭小吃。由於這些小販檔不設座位，貪吃的人邊走邊吃，又或一次過購買不同種類的「戰利品」，站在街邊逐一放入口中。

這種吃法很有香港特色，適合生活忙碌、愛自由選擇的香港人。一般人不會把這類街頭小吃視為正餐，但不少人貪圖方便，喜愛在下午茶時間掃街，尤其是打工仔，花數分鐘從寫字樓竄到街上「速食」，稍息一下。這種悠然自得的感覺，是高級酒店餐廳不能相比的。

近年，熟食小販愈來愈少，掃街的熱鬧情況已不多見了，取而代之的是匯聚在旺角登打士街、深水埗福榮街、荃灣路德圍、元朗阜財街、筲箕灣的東大街等一帶的蚊型地舖食店。不要小覷這些店子規模細小，有些已晉身成為星級名店。2016 年，米芝蓮破天荒增設「街頭小食店」欄目，有超過二十間香港街頭小吃的店舖入選了米芝蓮行列（詳見附錄二）。

港式的街頭小吃除了吸引港人外，還有不少遊客慕名而來品嚐。政府推出美食車計劃吸引遊客，但食物價錢並不便宜，其成效如何還需時間驗證。

1.2 半島下午茶，高尚生活的Icon

大部分香港人在下午茶時段常光顧茶餐廳和街頭小店，不過不少人心底，都渴望感受英式下午茶的高級氣派。香港人印象最深刻的，必定是位於尖沙咀的半島酒店。它的英式下午茶歷史悠久，是香港高尚餐飲文化的符號(Icon)。

自 1928 年開業後，半島酒店在週末設立了下午茶舞(Tea Dances)時段，每人收費五毫。客人以紳士淑女為主，除了可以在現場跳華爾滋、探戈等社交舞外，餐廳還提供一頓英式下午茶。後來酒店取消了茶舞，只留下下午茶，客人安坐下來一邊歎下午茶，一邊欣賞現場弦樂演奏。至今，酒店大堂茶座的下午茶時段仍保留了這個傳統，不過座位有限，不設電話預約，先到先得。

在 1950 年代起，不少電影明星喜歡往半島酒店喝下午茶，自此半島酒店有「影人茶座」的稱號，開始吸引市民注意。至 1980 年代，張國榮、鍾楚紅、張曼玉等演藝名人也是常客。許鞍華執導的電影《傾城之戀》也有不少場景在半島酒店內拍攝。老一輩香港人流行說：

「若住不起半島酒店，就到那裏喝下午茶吧。」可見，到半島酒店喝下午茶能提升身分和地位。

半島酒店慶祝八十和八十五周年紀念期間（2007 年及 2013 年），先後重辦了下午茶舞會，把酒店大堂佈置成 1940 年代的模樣，每位四百九十八元。除了有現場樂隊演奏《夜上海》等經典名曲，還供應以頂級三文魚和鵝肝製作的鬆餅、曲奇、甜品和鹹點，當中還有極具港式風味的雞尾包和蛋撻。參與活動人士須衣着端莊，禁止穿牛仔褲、運動裝、膠拖鞋或沙灘鞋。

高級下午茶「聖地」

半島酒店、雪廠街的英皇酒店、畢打街的香港大酒店，早期被譽為高級下午茶「聖地」。它們收費昂貴，主要招待洋人，不歡迎華人，官紳名流則除外。

我看半島 High Tea 眾生相

/林紀芝

半島酒店大堂茶座的下午茶在兩時開始入座，不過下午一時許，已經開始有客人排隊，等候一嚐傳統英式下午茶的滋味。餐廳不設訂座，先到先得，真的有點霸氣。它的餐飲安排十分講究，無論是餐具還是待應的工作步驟都有特定的要求，一點也不馬虎，難怪能配得上這份霸氣。

如果你有到過半島酒店吃下午茶，就知道每一套下午茶用的碗碟，都是由著名品牌Tiffany專門訂造，通通印上了半島酒店“The Peninsula”的英文名字；配以昂貴的全純銀刀叉和茶勺，極具氣派。餐具經使用後，每晚由職員以人手小心翼翼用熱水清潔和消毒。

食物用精美的三層架放置，排列次序十分嚴謹，由鹹到甜由下至上排列，分別放上英式鬆餅、手指三文治、小蛋糕、法式低溫烘焙馬卡龍等。當然，還有一杯用茶葉而非茶包沖泡的英式紅

茶。待應先優雅地把茶隔輕輕地放到杯上，徐徐勺下熱茶後再移走茶隔，保證杯內沒有雜質。八十多年來，都一直堅持這樣的細心安排。

進來的客人，有高貴的，也有追求高貴的。高貴的富有人家一眼便看得出，他們衣着端莊得體，談吐很有禮貌，大方地點餐後細細聲的聊天，承繼昔日英國皇室貴族悠閒的生活氣派，多數待上一兩個小時便離開。

至於追求高貴的客人也不難辨認，一臉好奇和雀躍，三五成羣到處參觀和拍照。他們一般逗留較長時間，有些至六點才離開。當中，不少人點一客下午茶餐供大班朋友分享。為什麼？因為這是安排給相機「吃」的。食物只不過是佈景板而已，上載至社交媒體後，打句「今天去 High Tea！」來炫耀一番。

每杯紅茶一般只會沖泡一次，不過，這類客人會不斷加入開水，沖成「君子之交」淡如水的格局，有的甚至有如置身酒樓或茶餐廳般，要求侍應加茶葉和沖水。以基層的港式生活態度品嚐英式下午茶，也是有趣的文化現象。

1.3 喝啖茶，跳跳舞

茶舞既是社交，又是消遣，也是消化食物的一種方式。一首在舞壇上常常被點播的名曲叫 *Tea for Two*，它是 1925 年音樂劇 *No, No, Nanette* 中的插曲，內容講述男女透過下午茶相識、建立二人世界。下午茶舞源自西方社會，在維多利亞女王時代是一種講究禮儀的社交活動，有專門的書籍指導類似的聚會。

據説，在 1913 年適逢探戈舞從阿根廷傳入英國，令當地舞壇十分熱鬧。倫敦的劇院、餐廳紛紛成立探戈舞俱樂部，組織大大小小的下午茶舞會，讓客人同時享受跳舞和下午茶。可是，二戰後市民生活方式轉變，喝雞尾酒成為了新的生活時尚。至 20 世紀中，咖啡廳和快餐店湧現，進一步削弱茶舞會的生存空間。速食文化興起後，下午茶舞的悠閒生活提案逐漸衰退。

雖然港式平民下午茶的發展和英式茶舞會無關，但當時本港的夜總會亦對下午茶發展有一定影響。夜總會前身是舞廳，設有舞池，是香港早期的高消費場所。為了吸引更多人光顧，增設了收費較便宜的下午營業時段。

後來，一些中式酒樓亦參照這種做法，取消了員工在下午的「落場時間」（休息時段），把中午茶市的營業時間延長。自 1970 年代起，不少茶餐廳、酒樓等食肆均設立下午茶時段，提供相對「正價時段」便宜的餐飲，成為了風潮。

時至今日，香港的酒店和夜總會的下午茶舞幾乎已成為過去，只有少數的中式酒樓以茶舞作招徠，吸引一批成熟且專業的社交舞發燒友光顧。縱使社交舞已非流行的活動，下午茶文化卻保留了下來，成為了普及文化。這些美而廉的餐飲不單讓大眾果腹，也成為幾代香港人的成長回憶。

夜總會

香港曾出現不同類型的夜總會：西式夜總會提供餐膳、表演和跳舞的地方，酒吧夜總會則設陪酒女郎；而中式酒樓夜總會有晚飯、欣賞表演或跳舞的地方，節目老幼咸宜，不設舞小姐；日式夜總會則是揉合上述類型的風月場所。

■ 有夜總會增設下午茶時段，見《香港工商晚報》，1980年8月16日。

港式下午茶與藍色多瑙河

/胡冠東

妮身穿靛藍色大衣，安靜地坐在茶餐聽四人卡位的一邊，打量着坐在櫃位的老闆娘。老闆娘的面貌與打扮在幾年之間似乎沒怎麼改變，架在鼻梁上的金色框老花眼鏡也是一樣，只是花白的頭髮更見白髮斑駁。

妮心想，總算從這一點，可看見歲月循規蹈矩地流逝，其他什麼的，譬如兩邊並列的卡座、中間的小圓桌、格子地磚、牆上幾幅不倫不類的小巧掛畫，以及壓在桌子玻璃下的餐單彷彿都凝固在時間之流似的，透出一種濃稠的疲憊。為什麼忽然有一種失落的感覺？

妮想了想，然後就放棄了，這時老闆娘向這邊望過來，與妮目光相接，大概一秒半，老闆娘記起了妮，向她親切地笑了笑，更深的皺紋走出來了。妮本想還以一個親切的微笑，但擠出來的笑容，竟有幾分尷尬。她條件反射地把視線移開，落在旁邊的掛

鐘上。三點三，不多不少，正是下午茶時間。

老侍應端來一杯熱奶茶，看一眼妮身旁的小型旅行箱，好奇地問：「阿妹！好久不見，旅行回來？」

妮看着那張熟悉的臉，說：「不，我搬出去幾年啦，今天有事回來一下，順便帶走些舊物。」

老侍應欲言又止，還是說：「熟客見一個少一個，一個一個『突然』就不來了。最後一次見你老爸已經是上年冬天，他那時還很精神的！每天老樣子，一邊吃下午茶一邊睇雜誌，不知幾『梳乎』。」又補充一句：「怎想到他突然『走』了。」

妮一時不想回應，不自在地把食指穿進奶茶的杯耳裏，卻沒有提起杯子，還是答了句「他已經老了」。

「我也一把年紀啦，睇住你大，但某天『突然』就不見你來了。哈哈！」老侍應打了個圓場後，把腳步移開了。

妮輕輕呼一口氣，若有所思地打開方糖罐子，用小箝子取出一夥雪白的方糖，以小鐵匙盛着，再放在奶茶上，讓濃滑的茶褐色液體剛好淹蓋過鐵匙。她下意識地、怔怔看着方糖底部沾着奶茶，看着茶褐顏色沿着雪白得發亮的白糖結晶慢慢地向上爬、向上爬。放置在茶餐廳櫃位、老闆娘背後小櫃上的老舊收音機，此時正流淌出一首耳熟能詳的圓舞曲，是約翰·施特勞斯（Johann Strauss）的《藍色多瑙河》（*An der schönen blauen Donau*）。是某個清談節目的嘉賓點播的，間插在節目的休息時間播放。為什麼是《藍色多瑙河》？妮心想。

侍應在這時候端來公司三文治。妮一邊聽着收音機傳來的圓舞曲，一邊攪拌熱奶茶，逆時針方向，力度均等。奶茶順着小鐵匙的帶動而旋轉，幻滑的表面微微向中間凹陷。妮似看非看地望着奶茶向着一個方向旋轉，隱約聯想到海洋公園的咖啡杯遊戲，那種坐在大杯子裏不停旋轉的機動遊戲，杯子與杯子之間永不碰撞，都是按特定的軌迹轉動的，形成一種令人賞心悅目的秩序。妮想念着自己每次在咖啡杯上走下來時，總會感到一種快樂的暈眩。

圓舞曲、咖啡杯，還有旋轉木馬，妮想，她最愛玩的還是旋轉木馬。她看着公司三文治分成數塊，整齊地分佈在碟子上，每一塊三文治都被一根尾端包着半透明顏色紙的竹籤固定着，好讓白麪包、生菜、火腿、雞蛋都安分守己地合成一塊三文治，顏色也十分好看。妮陷入沉思，能否在這碟公司三文治上發掘到時裝設計靈感呢？她最近正為新一季冬着設計而苦惱。

聽着《藍色多瑙河》，到底多瑙河是怎樣的一條河？妮完全沒有頭緒？小時候倒有夢想過到那裏旅行，在河邊騎白馬，就是旋轉木馬中那種穿着繽紛花飾馬鞍的白馬。在懷舊燈泡的映照下，整個氣氛非常柔和，輕柔而快樂。小時候沒有浪漫的概念，她倒是喜歡沒有浪漫色彩的滲入，就讓它停留在純粹的童真中，就是那種帶有暈眩的快樂。

她記得父親總是坐在自己後面的一匹馬上，因為她總要求獨坐一匹馬，父親只好在後面看顧着她，而她在遊玩的過程中，總愛回過頭來對着父親發笑。昏黃的燈光下，父親的臉背着光，身影龐大，到底他有沒有笑呢？妮開始疑惑，記憶有點久遠了。侍應們駕輕就熟地一直不停地送餐、下單、與食客閒話家常，似乎也是按經年累月走出來的軌迹移動，步伐、節奏、身體下意識的擺動、口哨調子、聲調、語氣、話題……看着看着，妮竟然感到那種輕微的暈眩和快樂隱隱約約地襲來。

舞吧、舞吧、舞吧。她內裏忽然浮起此句。

她想像老侍應們的移動都改為華爾滋舞步，邊舞邊把雞髀沙律、西多士、菠蘿油、咖啡奶茶送到不同食客面前。他們該穿什麼好呢？傳統晚禮服？不，不配合這裏的環境，還是以現在他們身穿的白襯衫黑褲皮鞋為主調，再加點有顏色的布料裝飾，就像公司三文治中翠綠的生菜、粉紅的火腿、鮮黃的雞蛋一樣。想到這裏，那名老侍應忽然轉過頭來看了她一眼，臉上好像裂開一個邪惡的笑容似的。

電話熒幕出現母親傳來的短訊：「什麼時候到？我想小睡一會。」

妮回覆：「差不多了，十五分鐘後。別睡着，我沒帶鑰匙。」

「後備鑰匙仍在那個位置，自己開門。」母親又傳來一句。

她打開家門的時候，只見母親躺在沙發上睡得正香。此時電視正在播放旅行節目，音量被調較得非常細小，關門的聲音已可把它蓋過。妮脫了高跟鞋，把空蕩蕩的小型旅行箱小心翼翼地推到房門外，然後把外帶的一份炸魚柳拼沙律輕放在矮小的茶几上。

那個房門是緊閉的，那本來是她的睡房，此刻她看着門把，感覺有點陌生。在她搬離這個家前一段頗長的時間，大概是她十六歲「那件事」發生後吧，她睡這個房間，父親睡沙發，而母親則睡另外的睡房；時間再向前回溯，她十二歲至十六歲時，她也是睡這個房間，而父母睡另外的房間；再久遠一點，十二歲前，父親睡這個房間，她與母親睡另外的房間。那有記憶以前呢？她曾聽母親說，嬰兒牀是放置在另外那房間的，當時父母都是睡在那裏，而眼前的房間只是客廳的一部分，根本還未被劃分成睡房。

門把看上去挺乾淨，門上還保留着她兒時貼上去的小熊維尼貼紙，只是經過太多次清潔布的擦拭，貼紙已破損褪色，變成一隻破腿的小熊了，現在還沾滿了塵垢。

妮輕輕推開門，窗簾飄動了一下。窗子打開了一線，想必是母親讓房間透透氣，一直未有緊閉。房間裏沒有發霉的氣味，反而能嗅到一股濃厚的尼古丁味兒，來自發黃的窗簾、發黃的牆壁、發黃的書桌。書桌上的蘋果電腦、滑鼠、設計用的電子畫版、旁邊的打印機、打印機旁父親留下來的零亂的廢棄玩具設計稿也隱隱被香煙熏成焦黃色。父親長年在睡房內吸煙，令房間裏一切的事物披上一層焦油，但零亂的事物倒是因為焦油的色調，呈現出舊照片裏歲月流逝一般的和諧。

妮走到書櫃前，果然如母親所說，父親生前沒有佔用這個書櫃，底層的絕版叮噹漫畫、中間的愛情小說、上層的時裝設計參考書都井然有序，完全是妮搬走前的狀況。現在只是多了一層焦油，外披一層塵埃。妮有點驚訝，她記得搬走前的夜晚，曾猶疑帶不帶走書櫃上小擺設。那些小擺設，都是每年生日或聖誕節舊男友或父親送的禮物，包括音樂盒、水晶等小玩意。現在它們都位置不變，一件也不少。即使是貼在書櫃上的卡通貼紙也完好無缺。

妮接連回憶起收到禮物的情景，腦海裏不自覺地響起《藍色多瑙河》的旋律。她奇怪，為什麼是《藍色多瑙河》? 咖啡杯、旋

轉木馬上了發條轉動着，那賞心悦目的軌迹又再浮現，還有華爾滋舞步的展開，懷舊燈泡連排亮起。她記得回過頭來，就能瞥見父親那張背光的臉。

舞吧、舞吧、舞吧。書櫃上的賓尼兔好像在説。那是父親送的玩偶，妮難忍突如其來的傷感，流下淚來。

「儘量帶走你要的。」門外傳來母親懶洋洋的聲線。妮沒有回應。帶走？為什麼要帶走？

《藍色多瑙河》的主旋律繼續在腦海中徘徊，妮突然想起十六歲「那件事」。某夜，父親跟母親大吵大鬧過後，母親躲在房間裏飲泣。父親敲了妮的房門，沒待妮回應便把門推開，坐到牀沿。妮用被子蓋着頭裝睡，但身體還是忍不住顫抖。父親小聲問她，給她找一個新媽媽好嗎？妮聽後既傷心又憤怒，握緊拳頭，牙齒咬得緊緊的。

父親果然在外面有女人。該死的身體，可否不要在這時候發抖？她感到身體被撕成兩半似的。

舞吧、舞吧、舞吧。小熊維尼說。

「你還是愛吃那家店的下午茶。」門外又傳來母親的話，伴隨解開塑膠袋的聲音。旅遊節目的音量漸漸提高。妮沒有回應。愛吃又怎樣？我是愛吃。

我是什麼時候開始愛吃下午茶的？妮心想。以前明明就不愛喝咖啡奶茶，那本來只有父親愛喝的，他每天也要喝一杯咖啡或奶茶。我是什麼時候變得愛喝的？我本來只愛喝阿華田、美祿和熱可可。

妮的視線離開了書櫃。在腦袋中迴盪不去的《藍色多瑙河》旋律像背景音樂，透明地、輕柔地包裹着房間裏的事事物物。妮凝視着被焦油熏黃了的牆壁上一條頗深的裂痕，一直蔓延至天花板的一角。她搬離這個家前，這堵牆還是米白色的，而且沒有裂痕。而現在……她心裏一陣惋惜，用衣袖擦去臉上的淚水，隨手翻了翻桌上的玩具設計圖，想必父親躺進醫院前仍在趕他的設計。據母親說，自從父親住進妮的房間後，接了更多玩具設計工作。他每天十時多起牀，梳洗完畢便躲在房裏埋頭工作，至下午二、三時才移身到那家茶餐廳吃下午茶。

每天都是西多士吧，妮想。小時候，每逢假日下午，妮喜歡跟着父親到茶餐廳吃下午茶。她總是嚷着要把糖漿往西多士上倒，那看上去甜蜜濃厚的黃糖蜜漿，甚至能在西多士表面拉出簡單的圖案，父親一再示範——太陽、花、笑臉、小狗——為一頓短暫的下午茶添加了不少樂趣。

「還有那個方糖遊戲，讓小鐵匙盛着一顆方糖，放到奶茶咖啡或者阿華田的上面，讓方糖慢慢地染上顏色。」美少女戰士說，還做了一個誓要警惡懲奸的招牌動作。

母親曾透露，自從父親住進妮的房間後，每天可以埋首工作，夫妻間倒是少了口角。為什麼媽媽不把這些手稿清理掉？妮疑惑。她放下手稿，走到窗邊把窗簾拉開，把窗子完全打開。午後溫柔的陽光伴隨冷風，終於可以全然內進，照亮了一束活潑的塵埃通道。妮站在窗前，可以看見右邊的樓宇、某層、某戶人家的廚房。她記得兒時放學回家後，做功課累了，她就是這樣站在窗前看着別的母親做飯。視線無論是向上移動幾層還是向下移動幾層，都是別家的廚房，而且每到傍晚時分都不約而同地做起飯來。

那個時候，父親基本上還留在自己開設的小規模設計公司裏埋首苦幹，母親也在裏面幫忙打點一切，處理簡單的文書工作。妮有時候自己一個到附近的快餐店吃晚飯，有時候待到晚上九時多母親外帶食物回來。她的晚餐大多是自己一個人吃或者跟母親在家裏的小飯桌上吃外帶的快餐，而父親，總是在十一時後才回到家裏。妮若很想見見父親，就會撐到父親回家後才睡。

某一晚十分特殊，那是個深刻的夜晚。妮記得是十五歲的某夜，父親六時多便跟母親回到家，母親還買了菜做飯。那天下午他們都沒有到公司工作，因父親要到醫院取報告，母親陪着他。

「醫生怎麼説？」晚飯時，妮問。

「普通腫瘤，別擔心。」父親裝着淡然。

「醫生説還要繼續觀察，都説過了，你要早點戒煙！」母親忍不住插嘴。

「要做手術嗎？」妮有點想哭。

「不用的。」父親對着妮笑了笑。

「會痛嗎？」

「不會。」

妮從父親的笑容，隱隱感覺到一種刻意藏起來的不安，令她整晚心情忐忑。那晚，大家都入睡後，她仍然沒有睡意，穿着印有小熊維尼圖案的連身睡裙，站在窗前怔怔發呆。月華瀉在冰冷的地板上，妮赤着腳。她記起了，那是冬天。她凍得渾身顫抖，凍得牙齒上下相撞，雙手緊緊抱在胸前，擠起了還在發育的乳房。她望向別人家的廚房，只見燈火已滅，想必別人都在夢鄉了。於是，她在心裏默唸：「神啊，如果祢真的存在，請你不要帶走我爸爸，我願意分擔爸爸的病，請不要讓爸爸有事……」

「從此以後……」小熊維尼說：「你就不明所以地多了某些習慣，喝咖啡奶茶、吃夜宵，還出現了（父親的）偏頭痛。」

舞吧！舞吧，舞吧……

「桌子上那些手稿，我都留下來了，你看看要不要帶走。」門外再次傳來母親的聲音：「你知嗎，有一樣東西你實在跟你爸一模一樣，一做設計，就不理人。」

《藍色多瑙河》突然終止，就像有人把留聲機的電源一下子切斷。妮呼出一口長氣，好讓自己的聲線鎮靜下來，然後冷冷地答一句：「我才不像他。」

客廳中，母親放下手裏的塑料餐具，默默看着窗外風景。空空的旅行箱在房門外靜候。

1.4 港式下午茶解放英式堅執

茶餐廳的客人，可在餐牌的框架內自由點選食物；不過，傳統英式貴族下午茶卻十分保守，充滿英國貴族的執著及權威，客人並沒有選擇，因為根本沒有餐牌。食客只要表明吃下午茶，侍應便把整份下午茶送上。

英國人視下午茶為社交活動。在維多利亞時代，下午茶客衣着十分莊重，男士須穿燕尾服，女士須穿長袍和戴帽子。隆重其事而為下午茶建立了不少禮儀，例如，用餐時不用刀具，用手撕開鬆餅，再按喜好添加適量果醬；拿茶杯時不可把食指穿過杯耳裏，要用大拇指及食指握住杯柄，杯耳要朝向右面。

此外，茶匙須呈四十五度角放在碟上，並以另一手托碟，不可發出碰撞聲音；若茶太燙口，不可吐氣把它吹涼，須慢慢等候它降溫；離開座位時，餐巾要放在椅背或者座位上，不可放在桌面。英式下午茶禮儀要求茶客有條不紊，故此不少當地上流社會人士，透過下午茶教導孩童禮貌和耐心。

至於平民化的香港下午茶，情況迥然不同，相比而言簡直是大解放。以茶餐廳為例，客人想吃什麼就可點什麼，廚師對大部分的要求（甚或餐牌以外的東西）都有辦法；食物款式千變萬化，無論是包點餅食、甜品小吃，還是粥粉麵飯甚至扒餐都一應俱全，保證飽肚。不但吃法不講究，食客穿任何裝束、使用任何坐姿都可以，並無進食次序和原則可言。

這種崇尚自由、選擇多、自決性高的飲食文化，亦逐漸搖動上層的Low Tea文化。目前，就算是提供英式下午茶的高級餐廳，也不一定依據傳統規範，不單沒有裝束隆重的要求，且破格引入不同口味的糕餅迎合食客。

然而，不少食客生活忙碌，吃飽後馬上結帳，來去匆匆；當吃的心態不同了，也未必會花太長時間去享受一頓下午茶。這些文化更新，難免令注重餐桌禮儀、閒暇慢食的傳統生活提案日漸褪色。

茶餐廳「大老闆」的日常觀察

/小邦

我這間茶餐廳歷史悠久，稱得上是老字號。我母親是茶餐廳的第一代「掌門人」；我出世後，自然成為了茶餐廳的第二代，長大後接任「掌門人」。我這位第二代話事人也得到茶餐廳上下同工愛戴，大家喜歡叫我「大老闆」。

茶餐廳的營業時間是朝七晚十，由早到晚都很熱鬧。茶餐廳內的每個職工、每位茶客、每天發生的大小事情，甚至是茶餐廳裏的每個角落我都瞭如指掌，不過卻不會多加干預。我身為「大老闆」凡事也親力親為，在茶餐廳裏總是走來走去，忙個不停。

我很留意食客進食的情況。以我觀察，早餐、午市和晚飯時間，人人都是匆匆忙忙的，基本上不是在享受美食，只是將食物塞進嘴裏，強行填飽肚子，暫時舒緩飢餓的感覺。至於下午茶時段就不同，人們吃得輕鬆得多；大部分到茶餐廳吃下午茶的人，都不趕時間。他們喜歡慢慢吃，看看報紙，或者東拉西扯的談天

説地。我最喜歡這種舒適自在的狀態。因為吃得舒服，才是享受。因此，我特別愛下午茶時間。

每逢「三點三」，我準時在慣常的座位坐下來。沒多久，有幾個貨倉工人來到茶餐廳，點了幾客粥粉麪飯，大口大口的吃着。初時，我被他們狼吞虎嚥的樣子嚇呆了，但看慣了之後，反而覺得這種「鯨吞」的食法，有點豪氣。

四時許，有四個中學生來到茶餐廳，坐在一角，邊吃邊做功課。他們每天都正經八百的做功課，偶爾會交談幾句，然後將功課傳來傳去。

我很欣賞勤奮的學生，不過，後來聽其中一個夥計説：「他們日日都來抄功課……四個人吃兩個下午茶餐，卻悠然地坐足一小時……」所以，我有時也帶點不屑的眼光望他們。

這幾個中學生剛離開，一對婆孫就會來吃下午茶。婆婆對吃不太講究，似乎只是為了孫兒才來到茶餐廳。孫兒吃得不多，只是將注意力集中在電視機播放的卡通片上。有夥計曾問他：「回家也可以看電視吧！」還是讀初小的男孩苦着臉説：「回家後，要補習和上興趣班，到八時半才可以休息，根本沒時間看卡通片……」

我這家茶餐廳最有名氣的小吃是蛋撻，在區內被稱為「蛋撻王」。每天下午茶時段，都有一條小人龍在門外等待購買新鮮出爐的蛋撻。二百個蛋撻，不消一會兒就賣個清光了。坦白說，我不太喜歡這款遠近馳名的蛋撻，望着人客呆呆的等待蛋撻出爐，有時覺得可笑。

下午茶時間差不多結束，茶餐廳的食客人數漸少，大概到六時半後，晚市才開始熱鬧。趁還有大約半小時的空餘時間，我伸一伸懶腰，然後施施然的走到收銀枱，禮貌地呼喚收銀的「大小姐」。「大小姐」看到我，也會識趣地為我差派侍應，送上一份豐富的下午茶。她說：「餓了吧，吃點下午茶。」

我跳上收銀枱，看一看碟子上的美食，再望望「大小姐」，「喵」了一聲，開始享受我的下午茶。

經濟起飛後，香港的下午茶百花齊放，

除了大酒店餐廳的Low Tea，

還有各國風情的餐廳、港式茶餐廳和大牌檔，

應有盡有。

2.港式 Low Tea

2.1 昔日紫醉金迷的高級下午茶

1980 年代初香港社會紙醉金迷，市民消費能力大大提高，愈來愈多人能負擔起價值不菲的酒店餐廳下午茶。以下一段當年的報章專欄文章，具體地介紹了當時高級下午茶的實況。雖然專欄作者對這些高消費不以為然，只是憶述了 1950 年代中環 Low Tea 的光景，但資料十分珍貴。

*　　*　　*

〈下午茶不便宜〉 過來人

「下午茶，假定你去大酒店茶廳，一杯咖啡，一客三文治，花費行情，而今連加一要廿五元左右，將就些說，在小餐廳下午茶一度，熱鮮奶四元，多士二元，連加一元六，四毫子唔好意思執番，便是七元。好難發思古之幽情，卅年前中環告羅士打下午茶座，六角一杯咖啡，三角一件多士之時光。外省人投荒南來之初，下午茶似鱷魚潭，一杯熱檸茶，沖完又沖，添完又添，要沖成『君子之交』淡如水的格局。

香港中上高級消費人士，喜歡到若干酒店茶廳，下午茶，屬於奢侈的消費，舍間諸女，飯後甜品，喜歡到這等地方，這是指在別的中菜館吃飯而言。真不便宜，冷飲雪糕之類，四五個人坐下來，埋單便是六七十，我是湊孩子們歡喜，表面不出聲，內心暗計數，這六七十，家廚製飯茶，已是非常考究的兩餐午晚茶了。家廚六七十的材料，到館子裏吃，便非一百金不辦。是以我在兩三年前，便與相近文友，慨乎言之。煮字為生，到外邊消費場合花費，相當吃力的了，喜歡吃，在家裏弄點什麼，闔家老小享用，還能湊乎得過去。

我是下午茶消費，較少，午酒後多要午寐片刻，恢復精神，三點零起牀，再開工，填格子做工，分上下午兩工。所以平，是清晨起身，茶煙為主，吃不下什麼，早點點心，名符其實的一盅兩件，幾蚊！由於附近的早茶早點收費之廉，甲於全港，當得上物美價廉之稱。跑馬地的早茶茶市，顧客多勞力之人。所以到外邊早茶，是乘去街市買餸之便。有時我起身早，早茶後街市尚未開檔。文稿不緊張時，會安步當車，由跑馬地走過燈籠州街市，行路以代晨運。可惜不能天天如斯，預算開工時間緊迫，取近不取遠，取易不取難了。」

（《香港工商晚報》，1981 年 9 月 30 日）

鱷魚潭

「鱷魚潭」是指某些食肆消費很高，「吃人連骨也不剩」。據說，當年畢打街的告羅士打酒店的餐廳十分高級，食品價錢是其他酒店餐廳的三倍，有「鱷魚潭」之稱號。

縱使吃幾片家庭雜餅，也很快樂

/朱梓軒

自有記憶起，我便期待吃下午茶。我記得，這是刻板規律的早午晚餐以外，一段美妙的餐飲安排。縱使不是大酒店的矜貴食品，只不過是便宜的小吃，卻令人很快樂。那到底，怎樣才算是真正的下午茶呢？成年人和兒童有不同理解。

我記得，小時候每當時針、分針同時指向三時，便會開開心心地吃幾片家庭雜餅、喝幾口鮮甜果汁。當學業、品行表現理想的時候，或是碰巧媽媽心情不錯，還可能得到一罐可口可樂作獎勵，甚至到樓下快餐店點一客炸雞漢堡。很感恩，在每天的下午茶中，我所得到的從來也不只是一杯茶而已；對家長來說，拿捏餐點的分量是一門藝術，若預備的太少，小孩會鬧彆扭；預備的太多，晚飯的心力怕要浪費了。下午茶，彷彿是個充滿計算的玩意，不過家長們卻樂在其中。

在週末假日，一時多走進中式茶樓，雖見空桌處處，門口卻人頭湧湧。一家幾口抵達茶樓卻偏偏不入座，對着時鐘虎視眈眈，等候二時正下午茶時段開始。家長們看着時針轉動，有如賽馬等候出閘；時間到了，經過一輪你推我不讓，以箭步奪取籌號，焦急的等候知客小姐呼喊號碼。

下單時先要確認下午茶時段已開始，因為不少人曾「撞板」，早了入座，在正價時段落了單。下午茶時間開始後，全場點心劃一收費，點心紙上什麼大中小點特點優點，一下子全成廢話。

媽媽笑逐顏開地又勾又選，點的爽朗，吃的暢快。雖然，桌面上沖完又沖，添完又添的滾水和普洱非小孩所渴求，他們想要的是可樂、雪碧，又或芬達、忌廉，不過當桌子上轉瞬間擺滿香口點心，例如煎釀茄瓜和錦滷雲吞後，他們便會停止抱怨，齊齊搶着起筷。「看！吃的和正價時間是完全一樣的東西，只消餓一會兒，卻便宜多了。」媽媽邊吃邊炫耀自己的精打細算，爸爸不忘附和。

「嘿！計算得真周到！」我想。再多言無益，便繼續拿起筷子夾點心吃，好好享受媽媽精心策劃的一頓代午餐，才算是個乖孩子。

2.2 那些年的下午茶藍圖

以下，是另外一篇1980年代初的報紙文章，介紹了本港當年多個下午茶熱點。這是一篇香港下午茶的指南，指導讀者吃遍香港的下午茶。文中還提及於2006年結業的銅鑼灣三越百貨。作者展示了當時下午茶廣闊的光譜，分別有港、日、英、美等特色餐廳，能滿足不同階層人士的需要。

* * *

〈1980年代的港式下午茶〉

「香港很多人不免的一個節目，不要説是寫字樓，即使在地盤工作的，下午三時，也放下工具，先去歎一輪下午茶。在東區或北角與銅鑼灣，到處的茶餐廳，都擠滿了，特別是滿身大汗的工人，那是消暑的好享受。下午茶不限於階級，可以有得飲，才是香港值得驕傲的地方。

富人的下午茶可以破費一點，到鱷魚潭去。當午餐時間過去，接着就是下午茶。精美的西式小點心，錢是多花一點，但是場面不同，可惜桌下的放腳地方不大舒適，是唯一缺點，但是再遠一點，半島酒店也有下午茶，這是可看見一些名女人，打扮入時的，而所費每位也不過是十幾元，在今日的銀紙價值來說，濕濕碎碎啦，小食不錯，照例有一兩項特別介紹，可以閒坐及清談很久。

港島方面還可以上銅鑼灣的三越樓上的美心，茶與咖啡每位四元半而已，以那些裝修與場面來說，十分英國化，應該是有此價值的。日式花園的下午茶則在百貨公司內。

至於在金鐘廊的美國餐廳，也是一個下午茶頗旺的地方，而一杯美式咖啡，隨你喝多少杯，所使用的糖亦有不怕肥的糖精，女人就可以放心來喝了，小食不少，很多女人是一碟兩三人共嚐，聊勝於淨飲，休息及小坐是輕鬆精神的享受。

下午茶等而下之的是普羅大眾的茶餐廳，人多又嘈雜，冷氣也變為暖氣，但是下午茶三時至四時，很多不大講究場面的茶餐廳的麵包西餅是十分抵食的，好幾家更是以出爐蛋撻為號召。一張方桌坐下來四個工人全是不相識的，可以喝咖啡。他們說是『打嗎啡針』，其實是提振精神的意思。

茶餐廳的噪音是厲害的，夥計的叫數與奔走穿插於各桌子之間，粗手大腳，大家亦不計較，一個工人可能大胃口的吃兩三件餅，油多，油飽。克戟也比較大的店子便宜得多。

不入茶餐廳可以去大牌檔，西茶妙極，他們有秘方混和許多種雜茶，而煲出的紅茶，飄香遠處可聞，使你移步過來歎番一杯，油多是大件的，三文治及其他餅食，又比茶餐廳便宜些，在街邊有風扇享受，亦一樂也。下午茶送上寫字樓，很多已訂定，不必離開工作崗位。」

（《香港工商晚報》，1982 年 6 月 24 日）

大牌檔

是本港極具特色的街頭露天食肆，孕育出不少知名食府，中環廣源西街的鏞記便是由大牌檔起家。1921 年政府將小販牌照分為固定和流動兩種，前者稱「大牌」，有「大牌檔」之稱。其食物種類、價錢和茶餐廳相約，目前只剩下二十多家，集中在中環、深水埗和石硤尾一帶。

《吃透你了，香港》，一幅現代香港飲食藍圖

/小邦

書名：《吃透你了，香港》

作者：Mr. Q

出版社：青島出版社

出版日期：2014 年 5 月

近年，許多人寫香港都喜歡寫吃的題材。的而且確，香港素有美食天堂的雅號，由高檔的美食到平民化的小吃，可謂應有盡有。那麼，香港有什麼美食？香港的地道美食，你又吃過了多少？或許，這兩道問題並不容易作答，我估計，沒有多少香港人敢說：我已經吃盡香港的美食了。

無論是高檔次的美食還是街頭小吃，香港人可以放入口中咀嚼的東西種類繁多。只要你在網絡上瀏覽一下，或參考一些飲食

雜誌和書籍，隨時也會找到大量美食的資料，不過，卻缺乏一幅整全的飲食藍圖。《吃透你了，香港》是一本關於香港美食和故事的書，作者從街邊小店到高級餐廳，包括上環生記粥品專家、中環九記牛腩、佐敦澳洲牛奶公司及灣仔金鳳茶餐廳等，帶你吃遍香港不同地區的美食，用舌尖勾畫出一幅城市繁華與時尚的飲食藍圖。

作者 Mr. Q 以食肆為主角，介紹食店的特色，當中不少是平民化的食店；內容雖算不上是專業的食評文章，但不少地方是下午茶的上佳之選，大家可以按着書中的指南找到好吃東西。

大概自1970年代起下午茶在香港普及。

下午茶除了是悠閒的生活趣味，

也是多年來獅子山下香港勞工奮勇拚搏的強心針。

今天你感到無力，是因為沒吃下午茶嗎？

3.下午茶，譜寫香港故事

3.1 「三點三」全民補氣力

一直以來，下午茶很受從事零售及服務業、需輪班工作的人士歡迎。不過，對於三行工人（泛指木工、泥水、油漆的勞動工人）來說，下午茶更是業界的尊嚴和精神。而「三點三」一詞，和他們有莫大淵源。

縱使勞動工人的工作時間和午膳時間穩定，但由於工時長，在盛夏的下午開工尤其辛苦；就算不用在室外抵受日曬雨淋，也經常在侷促的室內環境工作，一旦過度虛耗體力容易發生意外。把「三點三」設定為下午茶時段，正好把下午的工作時間細分成兩段，讓工人可以趁這段時間休息一下，吃點食物來補充體力，並和行家閒聊維繫感情，順便交換行情和工作知識。

換言之，對勞動階層來說，「三點三」是休息和社交的時間，和英式貴族下午茶的理念相似。不過，下午茶對基層有着更深層的意義，標誌工人對自己權益的堅持，以及僱主對工人的體恤和包容，是勞資雙方彼此達至雙贏的協定。

香港的平民式下午茶大約自1970年代開始盛行，茶餐廳亦在期間如雨後春筍般發展（詳見第四章）。據説，由於當時茶餐廳舖位面積細小，部分店主在熱鬧時段會把桌子擺放到街上（如今天，部分「打冷」食肆在夜宵時段，會「偷雞」把營業範圍擴展至行人路等公共地方），以方便滿身灰塵和汗臭、在附近工作的工友跑來光顧，吃飽之後又匆匆趕回工作崗位。

不過時至今日，對僱主來説，準時午膳的白領員工在午後追加一餐下午茶，似乎有點貪心。一些嚴格的公司，視歎下午茶為擅離職守、偷懶的行為，一旦被發現，嚴重的話可能換來警告或處罰。很多打工仔在下午時段想吃點東西，都要偷偷摸摸。

歎下午茶要用盡千方百計

/曾塏敏

傳統英式奢華的下午茶為消閒而設，當地給基層的下午茶亦重視休閒。不過，「閒」這個字，卻和今天生活忙碌、節奏急速的香港人愈來愈疏遠，因大家根本難以停下來。雖然生活逼人，香港人並沒有向現實低頭；若細心觀察，會發現很多人用盡千方百計，去促成歎下午茶的願景。

白領人士整天在寫字樓營營役役地工作。不少人在午膳後幹了個半小時活，會偷偷叫一份外賣；加速完成手頭的工作後，躲在茶水間，或在自己座位，於堆積如山的文件匣背後享用。不過，當把整份下午茶餐吞進肚子後，工作項目死線逼近，時間所餘無幾，馬上要開工再拚。

似乎，這趟小息只不過是「為了走更遠的路」，為了在晚上那無休止的加班而自設的一個中途站。無論如何，下午茶是大家奔波勞累後（或繼續奔波勞累前）對自己的小獎勵，是職場生活中的一點小情趣。

學生於三點三時通常在做什麼呢？在冬令時間仍在上課。至下午四時，下課後也未能馬上放學，各路課外活動跟補課有如八爪魚的觸鬚襲來，至五時半，甚至六時才可以逃出生天。步出校門的一刻，食肆都開始接待晚市生意了，若非要趕回家吃飯，也可能要趕下一輪補習或興趣班。不過，他們的書包內都收藏了不同的零食，在適當時候拿出來吃補充能量。

當然，以上只是部分香港人的面貌，不少人仍可在百忙之中成功擠時間，甚至可以吃一頓下午茶自助餐。不過，在七百三十多萬香港人口中，能真正舒心地享受優質下午茶的人相信不多。一些熱門的食肆除了要預先訂位，還可能要即場排隊。

我認為，大部分香港人享受下午茶的食物，並不是英式鬆餅和蛋糕，而是媽媽造的曲奇、小食部阿姨賣的魚蛋燒賣、飯堂賣的薯條腸仔、茶記賣的蛋撻、西多士，以及抽屜裏的獨立包裝餅乾。這些小食未必能在三點三準時「現身」，但其輕巧和靈活讓我們在夾縫中，享受數十秒忘憂自在、無拘無束的閒情和逸致。但願香港人天天都能享受美妙的下午茶時光，稍息再拚過。

3.2 下午茶的神效

1982 年的《香港工商晚報》有專欄提及下午茶的功效，極具前瞻性，內容是這樣的：

「據英國研究工作效率的專家説，工人及白領階級每隔一兩小時，休息飲茶片刻，可以增加他們的生產及工作效率。他們是研究英國人的工作習慣，以尋求改進生產……這個心理學家主張有更長的下午茶休息時間，一個工人如每小時有十分鐘歎茶，工作效能提高兩倍，但是恐怕僱主不肯而已。」

（《香港工商晚報》，1982 年 8 月 3 日）

三點三的休息時間設定，逐漸由勞動階層延伸到白領階層，在 1980 年代十分興旺。自此，香港人人追趕下午茶潮流，無論是工廠或辦公室，員工每逢在三點三都會休息一下，在工作的地方吃點小吃。歎下午茶便成為普遍打工仔喜愛、又獲僱主默許的活動。

不過今天很多打工仔吃無定時，連午膳也沒有固定和充足時間，許多人根本不可以在原定的午膳時間用餐。下午茶的意義逐漸改變，再不是兩餐之間補充體力的特殊安排，而是一趟正餐了。

由於租金高昂，食肆亦把下午茶時段由昔日的三點三擴闊(由下午兩時半至六時)，以吸納在不同時間放飯的客人。於是，不少打工仔索性等候至下午兩時後才用膳。只要安排在下午茶時段放飯，便可用優惠的價錢享受飽肚的下午茶粉麪飯餐，節省不少開支。

為迎合新時代的工作模式，有茶餐廳加強外賣服務，把下午茶送到客人的辦工地點；近年，甚至有不少茶餐廳在網上社交平台開設專頁，每天上載最新餐牌。

消失的下午茶

/李日康

坦白說，作為店長，我並不會給神仙偉這職員多高的評價。他肯定不算聰明，電腦系統稍稍更新也就跟不上，他太慢了，大概慢了個十年 —— 如果他是一部電腦的話，他應該是千禧年代初最新穎的款式；當然也說不上細心，燃油費、旺季附加費什麼的時有錯漏，幸好來我們店光顧的都是附近屋邨的師奶阿伯，不是後生的，只要我笑容燦爛雙手奉上兩張其實沒大機會派上用場的優惠券，萬大事都可以解決。

即使如此，已四十有六邁向五字的神仙偉在公司非常重要。同事吃不消的豬頭骨，可以丟給他，他會謙卑得像路邊的傳單。又有些時候，大家都錯，上司要找下台階，同事要找避車處，神仙偉總是恰到好處，每每能選中一個最倒霉的時辰仆出來，說些插科打諢風馬牛不相及的蠢話，其他人（有時也包括我）就會像打翻五味架一樣噴他一臉亂七八糟的。然後風和日麗，天朗氣晴。

呀，為什麼我們叫他做神仙偉？那是我空降這分店時的事，說起來還是要感謝他。

我們旅行社十時營業，十二時開始忙得面頰發燙，下午一時是人潮高峰。兩波積累下來的人龍要到三時才完全消化。服務業輪班吃飯是常識吧！但事實上所有同事都或明或暗搶着要一時正去吃飯。大家寧願排隊吃飯，也不願排隊被五月日本冷不冷、去越南四天夠不夠、今天匯價多少，然後拍拍屁股考慮一下，明天再來問諸如此類的問題所淹沒。

特別是剛有孕的陳太、和那些已婚的女同事，說要什麼時候吃，就什麼時候吃（現在有了《家庭崗位歧視條例》，很麻煩，你懂的）；而我是店長，吃最早，吃過就監督全盤大局。誰都不願吃得遲，接近三時的午飯，待到陽光都開始息微，還算不算午餐？就在我和陳太一夥膠着狀，幾乎要用上司身分命令她們的時候，神仙偉輕輕的，透出了一句話：我喜歡吃最後。

我呆着兩秒，就立刻對上。好呀好呀，真厲害，你是神仙肚！陳太突然與我恍如多年知交，應和：他叫阿偉，簡直是神仙胃！自此大家都叫他神仙偉，但全名如何，恐怕沒多少人記住。

硬食者，剛極易折。但有些人，像神仙偉，生下來就是適合硬食的體質，可能因為他已經四十有六，有一副鬆弛滑稽的眼袋，還有穿了好幾年的藻色冷衫，以及不常提起的家庭。我相信，假如有天公司辭退他，他還是頗吃得開的，很快就能找到另一份相同待遇的工作。他點頭連連微微彎腰的姿勢，很令人放心。

我當時沒私下向神仙偉道謝。口裏喜歡，荷包最誠實。大家心知肚明，神仙偉貪的是下午茶能省錢。某次罕有的員工聚餐，年輕的、未成家的員工如我，自然不省着吃，喜歡就點，價錢都不望一眼。神仙偉起初未知公司贊助，邊吃邊臉青，冷汗如豆大。在他終於知道不用買單夾錢後，還是邊吃邊流汗，因為，他愈吃愈起勁像是要開山劈石。

不過，自從這商場及附近的街市遭收購翻新以後，下午茶也實在不見得便宜。一切光光亮亮，價目分明，蛇蟲鼠蟻不入眼簾。連鎖集團、快餐店，哪怕什麼美食廣場，無非是同一供應商，甚至同一個廚房。午餐是滑蛋蝦仁飯，下午茶餐是蝦仁炒蛋飯；午餐是上海擔擔麪連酸辣湯，下午茶餐是迷你擔擔麪配豆漿加五蚊配酸辣湯加八蚊。世界大同，是全天候不分你我的。

神仙偉說過，現在，他終於懂得晚餐的味道。

我常常想，縱然已不記得他的名字，但他說話的神情倒是一清二楚。

是五月天，室外雲層壓得很低，商場內卻不曾有何異樣。每年這時候，客人特別多，大學生趕着自由行，有孩子的準備暑假去哪兒旅行。神仙偉如常吃得最晚，但這天客人倒水一樣多，他叫的外賣，卻差不多要待到四時才下肚。涼了的乾炒牛河，濃郁漆黑的老抽味道，油亮的河粉、頑固的肉片、軟垮垮的蔥段，不用十分鐘神仙偉就統統耙掉，同樣如倒水一般倒入腸胃。

之後，那位昨天、前天、大前天都已經來過幾遍的太太，她邊翻旅遊書邊走到神仙偉跟前，把複雜的行程以更複雜的言詞講了一遍，然後，叫神仙偉幫她找最便宜的酒店。神仙偉才剛吃飽，七手八腳也過了十多分鐘才幫她搞定，只是她接過一通電話，又改。神仙偉瞠目結舌也省掉，吸口氣，再給她改一遍。這次都差不多結帳，她才如夢初醒：哎呀！怎漏了去那邊！沒下午茶了。

神仙偉本已淨下半條人命，婦人一句沒下午茶如同咒語，神仙偉喘不下一口氣，反而穢物從喉頭一下子爆湧而出。泥色的河粉殘渣在妖麗的嘔吐物中游弋。

事後我當然花了好多唇舌才安撫得住場面。雖然疲累，但看見神仙偉軟攤休息室的模樣，又實在覺他可憐。後來，那位我們未曾見過的神仙偉太太，拖着一個七八歲的，肩上搭着另一個四五歲睡着了的，來接神仙偉回家。相比神仙偉，她更像神仙，瘦得不似人形，臉無肉色。神仙太問神仙偉為什麼嘔成這樣子。神仙偉說。是晚餐，我今年四十六歲，才終於懂得晚餐的味道。

其他同事，包括我，都鴉雀無聲一臉茫然。他可曾吃過晚餐？

過了一段日子，神仙偉離職了，原因沒交代。他沒有準備散水餅，同事也沒有請他飲茶，他如常的收工就走了。後來有同事說，神仙偉改行做送貨跟車，一晨早就見他大剌剌在車尾板抽煙飲啤酒，也有人說他現在做工廈保安，胖得糊掉輪廓。

某天大約八時許，還未到九時，我關舖準備離開商場，經過一條不時走過的冷氣通道，看見五六個老人蹲坐在落地玻璃低矮的窗台。他們好像有默契地集體行動，卻又互不言語。天黑了，他們在做什麼呢？我完全沒有頭緒。他們每人手上都拿着快餐店的膠盒與塑料杯，好像剛吃過下午茶，又好像不曾吃過。

3.3　下午茶曾是員工福利

在 1970 至 1980 年代初，上班時間吃下午茶是「攞正牌」的行為，適逢當時製造業發展蓬勃，工廠缺乏人手，有老闆免費提供下午茶吸引工人加入。後來，不少寫字樓也為員工訂立下午茶小休時段，以吸納人才加強競爭力。

早在 1960 年代，已有工廠在招聘廣告中以供應免費下午茶作招徠，後來更成為大部分工人的「合理期望」。不過，隨着製造業在 1990 年代陸續北移，這些「員工福利」已成為歷史。至今，也有較大規模的公司的茶水間設有食物和飲品櫃，尤其是一些外資公司，逢星期五提供免費下午茶以鼓勵士氣，縱使這些福利背後的代價是長時間工作。

按台灣《時報周刊》一項針對百人規模以上企業的勞工調查中，發現最符合現代員工需求的前三大福利，分別是「每天固定下午茶」、「無息或低息貸款」、「每年健康檢查」。當中「下午茶」被員工視為第一福利，原因是許多企業的管理層曾出國留學和工作，把在外國風行已久的下午茶文化帶進辦公室。由此可見，香港早年的公司老闆甚具前瞻性，以下一篇報道，反映當年企業家的管理智慧：

〈若干工廠鼓勵廠內長工免費供應午餐午茶〉

「……近日港島也有若干小廠，為了鼓勵工友們努力工作，免費供應下午茶，如西餅、麪包、紅茶、咖啡等，不論長工、散工，同樣可以享受。廠內工友有感於僱主優待，精神振奮，工作情緒提高，生產超水準，廠方每收意想不到的奇效。」

（《華僑日報》，1961 年 10 月 23 日）

時至今天，若要重提當年稍息再拚的職場人道主義，似乎有點難度。近年，香港人工作壓力大、工時長，也有不少老闆深明下午茶的威力，不時請同事吃下午茶，為大家打打氣，盼望大家吃飽後有力量超時工作。放工後晚餐也成為夜宵，和家人見面和吃晚飯變成了奢侈的活動。

在放飯時間，媽媽約我吃下午茶

/陳妹

天氣很熱，天文台連續第三天懸掛酷熱天氣警告，呼籲市民儘量留在室內活動，並要多喝水，以免中暑。

李志浩煩躁地鬆開了脖子上的領帶，呷了一口冰咖啡，從十八樓的高空往下看，感覺街道上的行人在烈焰的炙烤下，幾乎都被扭曲得變形。

「叮！」他的手提傳來一條訊息：「仔，我等你喝下午茶。」

他看了訊息後，觀察街上蠕動的行人，時間漫長得好像過了一個世紀。他蹙着眉、抓了抓頭髮，想起待會兒還有公務會議。

為了方便員工用餐，公司採取了彈性的午膳時間，員工可以任意選擇一小時的用餐時間。在李志浩眼中，這個政策美其名是方便員工，但並不是德政，只是折磨員工的苛刻方法。李志浩經

常抱怨，待他完成上午的工作，已經是下午兩時半的下午茶時間了。

母親知道他忙，覺得有些心疼，只好裝出笑容，高興地說，這樣我便可以找你喝下午茶，下午茶很便宜啊！

*　*　*

「阿啟，開發部那邊的資料什麼時候才能搞好？」他噎下一口飯，隨即說。

「最快也要下個週末吧！」

「還要再快些才行，不然就趕不上下個月的新品發佈會了。」

在工作高峰時期，吃飯時間也不過是另一段會議的時間吧，不過他都習以為常了。

他看到「茶冰室」時，才想起媽媽說過想約他喝下午茶。他心想，媽媽等不到他的話，應該自己吃飽然後回家了吧。所以，他沒有把喝下午茶的事放在心上，就回到公司。

之後，他依舊是昏天暗地工作，再抬頭時，已接近黃昏了。街道上的行人漸漸多了起來，突然，在他的前方，有些人像是大羣螞蟻般聚集在「茶冰室」的門口，還有一輛救護車。當他聽到救護車那哀婉急促的聲響，迴旋在黑夜的上空時，內心揪了一下，心想：「不會的……」

他在人羣中看見一件紫色的毛衣，跟她身上蓋上的紅色毛毯，形成鮮明對比。他感到心慌亂了，瘋了似的衝向人羣。

他記得清楚，媽媽曾跟他說：「兒子呀，媽媽很喜歡你送的這件紫色的毛衣，以後媽媽就經常穿，做個時髦的老太太。」

這時，我腦裏回憶起一幕幕的童年時光：那個小男孩，總是在下午時分，期待着媽媽來接他放學。他總愛跟媽媽說：「我想吃菠蘿油啊，還要配熱朱古力啊！」「好，那就吃菠蘿油配熱朱古力。」

「為什麼要等下午才吃呢？」

「因為要完成功課才有獎勵啊！」

年少的他，怎麼會知道那時候家裏不是很富有？媽媽總是要等到下午茶時間，待茶餐廳推出特惠的下午茶餐，才可以去吃。他記得，媽媽總是說自己不喜歡吃，只是心滿意足的看着他吃掉最後一口菠蘿包，喝掉杯裏餘下的熱朱古力。當果腹後，媽媽拖着他，踏着午後陽光的尾巴到街市賣些「下欄」菜。他還記得媽媽笑着跟菜檔阿姨說：「菜不夠新鮮，便宜點賣啦！」而他總是稚嫩地附和着說：「對啊，便宜點賣啦……」

他又想起，每次他去老人院探望媽媽的時候，媽媽總是用輕快期盼的語氣說：「你什麼時候帶我去吃下午茶呢？我要吃菠蘿油配奶茶啊……」

* * *

他撥開人羣，探身進去，方知道那個靠氧氣罩幫助呼吸的紫衣老太太，不是他的媽媽。他呼了一口氣，瘋了似的掏出手提電話，看到一條下午四時的未讀訊息，上面寫着：「我點了菠蘿油，你呢，仍是要菠蘿油配熱朱古力嗎？」

他突然覺得好難過，在馬路上蹲了下來，頭緊緊的埋在膝蓋上，止不住地抽泣。

下午茶並非茶餐廳的專利，

不過當提及下午茶，都令人想起茶記。

事實上，茶記的靈活、多元和混雜性，

為港式下午茶輸送了不少養分。

4.茶餐廳，孕育港式下午茶

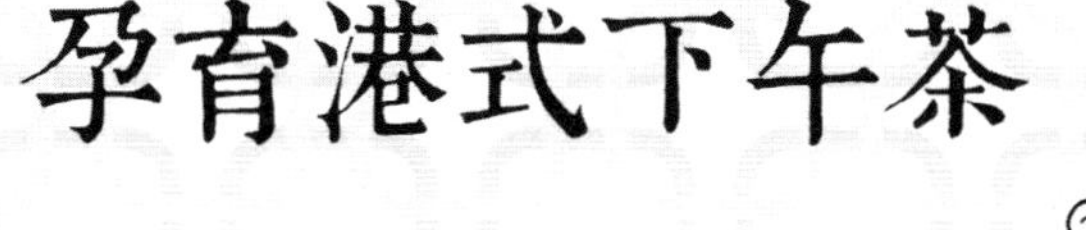

4.1 哪家是香港第一間茶餐廳？

香港是華洋雜處的城市，不少外來文化與本土、內地文化互相碰撞，蛻變成新東西，而茶餐廳正是由西餐廳、冰室和中菜館融合而成。茶餐廳充分體現香港人食得是福、兼容並蓄的精神，孕育出靈活、多樣的港式下午茶。但原來，香港的茶餐廳歷史不算悠久，只有數十年。

論最早的茶餐廳食店，有不同説法。有人説是中環的蘭香閣茶餐廳，於 1946 年由捷榮主席黃達堂的爺爺「咖啡大王」黃橋及其兄弟創立。不過亦有另一説法，指直至 1960 年衞生局才設立茶餐廳牌照；若以申領第一個牌照去定論，茶餐廳應該在這時候才正式誕生。

據資料顯示，位於香港仔東勝道，在 1960 年開業的漁利泰茶餐廳申領了首個茶餐廳牌照，極可能是全港第一間持牌茶餐廳。它在 1988 年結業，現址變成了藥房。據説，它是當時罕有安裝冷氣的中高檔食肆，是附近漁民的「相睇」勝地，以及職業司機的聚腳點。

很多人把冰室和茶餐廳混淆了，除了性質相像外，也因在發展過程中關係密切。冰室又名冰廳，主要售賣冷飲、雪糕及沙冰等冷凍食品。由於最初的冰室只持有小食牌照，除了飲品外只能出售酥皮蛋撻、三文治和糕餅等小食，而不能如茶餐廳般，供應炒飯、小菜等即時製作的熟食。不少茶餐廳的前身是冰室，他們在 1980 年代起陸續伸領了茶餐廳牌照經營，發展十分興旺。

無論是冰室還是茶餐廳，它們由點菜至結賬皆講求速度，不同階層（例如藍領、白領）和不同行業的人都會光顧。老闆、夥計彈性地安排食客的要求（如少甜、多奶、走冰），多年來和客人一同成長，餵飽了無數生活節奏忙碌、食無定時的香港人。

究竟哪一間才是第一呢？目前暫無法準確考證，有待發掘更多史料。不過，香港現存最古老的茶餐廳是蘭芳園，它位於中環結志街，在 1952 年開業，開始時以大牌檔形式經營。它是由首創港式飲料「鴛鴦」的林木河所創辦，除總店外現設有兩間分店，大家可前往參觀及品嚐。

冰室名字的由來

在《再會舊冰室》中，作者梁廣福說：「有說因當年冰室的樓底高，天花板安裝的吊扇涼風送爽，加上有售賣如紅豆冰等冰製飲品，故取名冰室；也有說清末梁啟超有同鄉以其書齋『飲冰室』之名經營食店，故以之命名。」

好好冰室的母女倆

/張彩慧

媽媽左手提着小小的書包，右邊牽着胖乎乎的小手，兩個人一如既往地來到「好好冰室」。

「這邊有位。」一位穿着夾領的男人招呼她們。這個卡位，可以看到牆上的電視機。

一坐下來，媽媽問女兒：「你想吃什麼？」

女兒不假思索地答：「西多士。」

媽媽搖搖頭，斬釘截鐵地說：「不可以每天都點這個啊，冰室還有其它粉麪飯可選擇。」

小女孩撅起嘴，一副受委屈的模樣。

「少吃點甜的東西，你不怕蛀牙嗎？」媽媽的語氣似乎沒那麼強硬了。

「我把牙刷淨就不怕了。」小女孩眨幾下眼睛，滿懷期待地等待「審批」結果。

「不行，你要少吃點甜。」

媽媽喚來服務員：「要一份餐肉麵，一杯好立克，還有……要一個酥皮蛋撻。」

在卡位旁的方桌上，一位胖嘟嘟的小男孩津津有味地在吃餐蛋麵，看卡通片拌下午茶彷彿是兒童的一大樂事。

男孩眼睛一眨也不眨地盯着電視。這時，一把聲音從廚房裏傳來：「肥仔，你吃少一點吧，你爸做兩份工也不夠你吃了！」

媽媽抿了抿嘴，心想：「要是我的女兒也不挑食，吃啥啥香，該多好。」

男孩沒有回應，繼續沉浸在他的下午茶拌卡通片的世界裏。

*　　*　　*

這天，女兒一下課就接到媽媽的電話：「你今天不用補習，剛好媽放假，放學我們一起去吃下午茶。」

女生「嗯」的一聲，算是答應了。

「這邊坐。」母女倆抵達「好好冰室」後，一位華髮的男人招呼着説。

屁股一黏住椅子，就直接點餐了：「雞翅撈麪，凍檸茶。」

媽媽聽了，説：「別吃那麼多油膩的東西。不然臉上的痘痘又出來了。」

「媽，你點餐吧。」女兒把餐單「扔」給媽媽，接着低頭用手機。她對着鍵盤刷刷地拼字，然後把訊息發送出去，彷彿就是在

跟坐在不遠處的「低頭族」男生在對話。

「今天上課有睡覺嗎？」

「沒有。」

「你們什麼時候考試？」

「快了快了……」

「學習英文的進度怎麼樣？」

「還好。」

女兒按着手機，來來回回幾個短句的對話。

「餐到了。」媽媽說。

女兒收起手機，呼了一口氣，以為食物可以堵住媽媽的嘴，不再唸叨她。

媽媽看着女兒一勺又一勺地把辣椒油往碗裏倒，忍不住地說：「你吃少點辣椒油，喉嚨痛才剛痊癒。」

女兒不耐煩地應道：「我知道啦。」

* * *

「老太太，今天女兒跟你來吃下午茶。」兩母女一踏進「好好冰室」，侍應說道。

媽媽笑得合不攏嘴。

「好久沒見你來了。」白髮的男人說。

「人在江湖，身不由己啊。」女兒唉聲歎氣。

她們找了一張圓桌子坐，女兒看餐單，老花眼的媽媽跟女兒商量，「我想點西多士和奶茶。」

「你少吃點甜的，還是吃魚腐麵吧。」

「難得能跟你一起吃下午茶，沒關係的。」媽媽的眼睛看着女兒的鼻子。

「不可以。」女兒堅定不移，「你明天一早還要去醫院覆診，今天不要胡亂吃東西。」

鄰桌的卡位坐着一位戴老花眼鏡看報紙的中年大叔，右上角擺着一杯鴛鴦和豬腩麵。「肥佬，你少吃點油膩的，到時候你走不動，我可抬不動你。」

廚房的窗口傳來哄亮的，勝似熟悉的呼喚聲。大叔翻了翻報紙，不緩不慢地說：「食得是福。」

4.2 謝安琪 —— 我愛茶餐廳

大部分茶餐廳設有電視機或收音機，播放不同節目和音樂，近年還直播球賽和體育盛事。若在茶餐廳品嚐下午茶之際，聆聽歌手謝安琪所主唱的《我愛茶餐廳》，會有什麼感受呢？填詞人周博賢，用了許多美麗的文字去描述茶餐廳的情況。

主唱：謝安琪
作詞、作曲、編曲：周博賢
監製：周博賢 / 小池石良

星洲炒米古法蒸青斑　西冷扒叉雞飯
齋啡檸水鮮奶滾水蛋　款式相當廣泛
令我驚歎　實太璀璨
若怕分散　亦有套餐

相差咫尺都有好幾間　想搵位真好辦
不需超額消費可一餐　兼且水準不爛
實要稱讚　絕無偷懶
做夠七晚　夜半也未閂

我愛你個性樸素平民化
會教顧客暢快滿意如歸家
牛油餐包再配以百年濃茶
令倦透的身軀也昇華
你最可嘉　再世爸媽

英超西甲轉播深宵間　餐廳一一包辦
聽聽師傅講社會險奸　都可得益千萬
實太抵讚　絕對不懶
未見不散　夜半也落單

我愛你個性樸素平民化
會教顧客暢快滿意如歸家
牛油餐包再配以百年濃茶
令倦透的身軀也昇華
你最可嘉

用兩蚊做到　換凍飲太好
彈性高有着數

我愛你個性樸素平民化
會教顧客暢快滿意如歸家
牛油餐包再配以百年濃茶
令倦透的身軀也昇華

港式餐廳流傳成為文化
陪同人羣見證繁榮和低窪
豪情瀟灑氣概似少年劉華
外貌帶點草根卻高雅
你最好打　鬥志可嘉

茶餐廳術語一覽

/小邦

茶餐廳是一個很有趣的地方，使用很多富特色的地道術語。由於講求快捷，夥計為客人點餐時只好將複雜的食物名稱簡化，儘量用最少文字（甚至是符號）去表達客人想要的食物。這些術語很地道，甚至有點市井，中英文夾雜兼用了不少諧音。莫説是外地遊客不明白，就連香港人也不一定了解其含意，以下的術語大家聽過多少？

飲品類

術語	意思
T	奶茶
非	熱咖啡
齋啡	咖啡不加糖不加奶
汪阿姐	熱咖啡
央	鴛鴦（熱咖啡+熱奶茶）
田	熱阿華田
可力	好立克

肥妹	熱朱古力
甩色	熱檸檬水
206	熱檸檬可樂
306	熱檸檬可樂+薑
C06	凍檸檬可樂
C07	凍檸檬七喜
29	熱鮮奶
OT	熱檸檬茶
COT	凍檸檬茶
茶走	熱奶茶+煉奶
飛沙走奶	不要糖不要奶
飛沙走石	不要糖不要冰
走田	不要糖
少田	不要太多糖
走冰	凍飲不要加冰
少冰	不要太多冰
爆冰	加冰

食品類

術語	意思
羅友	菠蘿油
生春	太陽蛋
孖春	雙太陽蛋
例水	例湯
淨水	例湯只要湯水，不要湯料
黑汁	黑胡椒汁
白汁	忌廉蘑菇汁
飛邊	方包不要麵包皮
烘底	烘烤麵包至香脆
丁麵	出前一丁麵
腿通	火腿通粉
旦子	雞蛋三文治
嘔住	牛肉三文治
西多	法式西多士

其他類別

術語	意思
落單	夥計為客人點餐
搭枱	跟不認識的食客共用同一張餐枱
堂食	在茶餐廳內用餐
行街	外帶（不在茶餐廳內用餐）
打包	堂食（客人要帶走未吃完的食物）

4.3 多元搭配調節個人口味

有些茶餐廳為了吸引食客，總把一兩款特色食品作為「鎮店美食」。除了奶茶外，最常見的是西多士、蛋撻之類，還有少見的滾水蛋、加央多、蓮子紅豆冰等。所以，若想在茶餐廳吃到特色美食，一定要先了解該它的賣點，不妨在網上搜尋一下食評，這樣就不會錯過好東西。

茶餐廳的食物款式搭配選擇多，只要食客提出要求，一定可以符合其口味。以奶茶為例，某些茶餐廳為保持味道和質素，水吧師傅會先把奶茶的甜味調較好。雖然，大部分茶餐廳只是完成沖茶和加奶的部分，甜味是由食客自行調節的，但仍可以作多種搭配，包括多奶、少奶、飛沙走奶、茶走，甚至加入咖啡變成洋人沒有的「鴛鴦」。

除了傳統的味道外，食客也可以要求加冰，自行把熱飲變成凍飲。這個要求，只需要加兩元（有些茶餐廳只收一元）。大家可能會覺得奇怪，為何客人不早早就點選凍飲？這安排的由來已無從稽考，不過，正呈現茶餐廳充滿無窮可能性。只要客人願意加錢，便可隨時改變初衷。

以往，茶餐廳一般以「抵食夾大件」作招徠。但近年市民注意健康和均衡飲食，夥計和廚師也開始要學習一個新的術語 —— 少飯。不過，一些正在減肥瘦身的女客人，對茶餐廳的餐飲卻有重新想像。她們不會要求少飯，反而要求多飯，和同行的友人共享一個餐，同時享受減磅和減低消費的樂趣。不少餐廳在下午茶時段，都在西多士、炸雞髀和薯條以外供應素食及沙律，以吸引更多注重健康的客人。

只想吃西多士

/陳怡玲

下午四點，奶奶一如既往，站在門口等待着。

「鈴，鈴，鈴……」下課鈴一響，學生們魚貫而出，奶奶一眼就看見在人羣中的孫女。

「奶奶。」

「嗯，書包給我吧。餓了嗎？走，帶你去吃下午茶。」

「奶奶，我不餓，我們回家吧。」孫女急忙説道。

「怎麼會不餓呢？你放心，我帶了錢吃下午茶，走吧。」奶奶拉着孫女向餐廳走去。

「來，看看，你要吃什麼？有你愛吃的西多士呢。」奶奶把餐牌遞給孫女。

「奶奶，我真的不想吃。你看，我小肚子都出來了，不能再吃了。」

「你處於發育期，應該要多吃點才是啊。你就吃一點吧。一份西多士，一杯熱奶茶，好嗎？」孫女拗不過奶奶，只好答應了。

夥計將西多士和熱奶茶端到桌上。「奶奶，你吃嗎？這麼多，我吃不完的。」

「乖，奶奶不吃了，你趁熱快吃吧。」

奶奶來接放學，三不五時就會帶她去吃下午茶，漸漸變成了習慣。為了保持纖瘦的身形，孫女有時真的不想去，可是又難以拒絕奶奶。後來，孫女沒有再反抗了。奶奶真的非常疼孫女，怕孫女餓壞，才經常她去吃下午茶。

孫女曾經感到好奇，為什麼奶奶有錢，能經常帶她去吃下午茶呢？奶奶不是也只靠生果金過活嗎？直到某天，孫女發現了一個小秘密：「奶奶，你在垃圾桶裏找什麼呢？」

「沒呀，這些塑料樽洗乾淨後，可以循環再用，我拿回家，留着有用。」奶奶微笑着說。

可是，孫女卻不知道這些撿來的東西，真正的用處是什麼。

多年後，孫女終於懂了：奶奶省吃儉用，又拾東西去變賣，就是為了讓孫女能飽餐一頓而已。

今天，孫女坐在同樣的位置，點着同樣的套餐，可是這次，只有孫女獨自一人，吃着奶奶愛的西多士，默默地流着淚：「奶奶，我很想你。」

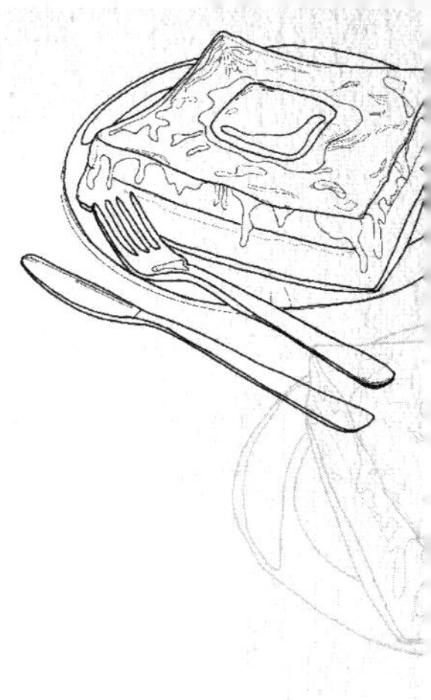

4.4 食客想吃什麼，就有什麼嗎？

茶餐廳的食品種類很多元化，任君選擇，而下午茶時段更是多元選擇的高峰期。因為下午茶餐的價錢，通常比餐牌上其它食物便宜，若客人要點選下午茶餐以外的食品，老闆當然無任歡迎。不過，並不是食客想吃什麼就有什麼，最終決定權在老闆手上。

每間茶餐廳的牆壁上都貼了餐牌，滿滿的，翻開桌面上餐牌更叫人眼花繚亂。不過細心留意，可發現餐牌上寫上了不同的限定時段。由早上六時起是早餐；上午十一時後開始午飯；到了下午二時開始下午茶；黃昏六時就是晚餐；晚上十時起是夜宵。一般來説，一間茶餐廳有早餐、午市、下午茶、晚餐和夜宵，合共五個時段。但對於熟客來説，一坐下便叫什麼「5號餐」、「A餐」，根本不用看餐牌。相熟的夥計，甚至記得客人少奶、少甜等特別要求。

「食客想吃什麼，就有什麼」，可説是茶餐廳靈活、有求必應的特色。有些茶餐廳的廚師廚藝精湛，就算是餐牌上沒有的款式，只要有足夠的配料，也可以煮製任何菜餚，只要客人願意付出老闆建議的價錢便成交。此外，夥計可隨時奉上熱水、餐具、牙籤，招呼十分周到，而且大部分茶餐廳不會收取小費，這是其誘人之處。

不過，茶餐廳的空間有限，在繁忙時段經常坐滿食客，入座率常高於 100%。然而，店堂的容量卻很有彈性。舉例說，當食客不多的時候，一個客人可獨佔四人座卡位，舒舒服服的看報紙、上網打機，但到了繁忙時段便要按規定坐滿四人。最擠迫的情況，是一張勉強可坐四人的小型圓桌，卻有六人入座；一張中型的六人圓桌，隨時有八人共用。在繁忙時間硬性要求食客「搭枱」，這可算是茶餐廳文化之一。若不想如此辛苦地用餐，請選擇下午茶時段吧！

茶餐廳的營業時間不定，通常由早上五、六時至凌晨一時，通宵營業的茶餐廳通常位於人流暢旺的地區；也有些茶餐廳索性全日無休，二十四小時營業，讓市民任何時間也可以光顧。

老伯伯和老趙的下午茶

/小邦

（一）

不知道從何時開始，每到四時正，這個老伯伯都會來吃下午茶。

老伯伯總是點一份「5 號餐」，即火腿通粉配熱奶茶。他有一個特徵，總是說分量不夠，要大份的。事實上，老伯伯不是不夠吃，而是他先將半份下午茶餐放入自備的餐盒內，然後吃餘下的半份。

老闆也沒有跟老伯伯計較，儘量有求必應，只對夥計說：「老伯伯想要多少，就給他吧。」

有一次，有個夥計將「5 號餐」端到老伯伯前，忍不住說：「分量夠了嗎？」

老伯伯不好意思的連說了幾聲：「對不起、對不起……」

那天之後，老伯伯沒有再要求大份。老闆只吩咐夥計，一定要為老伯伯的下午茶餐添分量。

老伯伯每天如是吃着半份下午茶餐，又帶走餘下半份。日復日，月復月，已有三數年。

其實，這幾年，茶餐廳已漲價了，而下午茶的餐牌也更改了，老伯伯慣常享用的「5號餐」，早已變成西多士配紅豆冰了。

老伯伯似乎沒有留意到這些轉變，老闆還照常替他落單，說：「老伯，照舊，對嗎？」

老伯伯仍是不多說話，只輕輕吐出一句：「是的，謝謝。」

老闆仍舊為老伯伯準備大份的「舊5號餐」，收費多年來沒有增加。老闆說：「老伯吃得開心就好。」

這天，老伯伯來到茶餐廳時，卻對老闆說：「半份就夠了，太多會吃不完。」

這餐下午茶，老伯伯跟平日不一樣，沒有預先留下半份通粉，亦不斷跟老闆和夥計說：「多謝。」

「老伯，你今天怎麼了？」老闆覺得有點不妥。

「老伴愛吃這裏的通粉，但她行動不便，所以，我帶回家給她吃……」老伯伯說。

老闆終於明白是什麼一回事，微笑着對老伯伯說：「原來如此。今天她不吃通粉了嗎？」

「不……不吃了……」老伯伯欲言又止。

「不要客氣，我請她吃吧！」

「不用了，不用了……」老伯伯急得哭了起來，「她……」

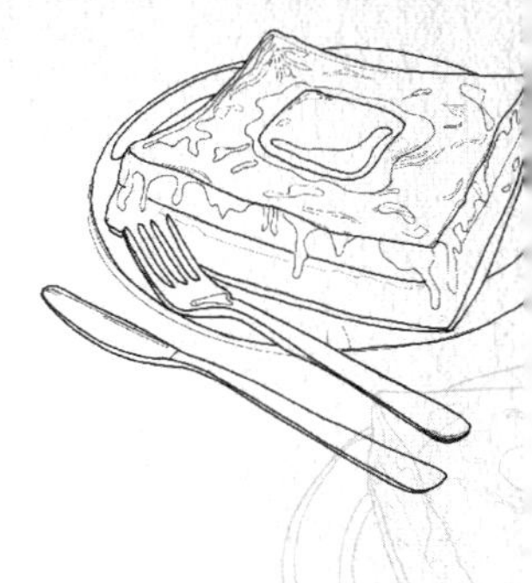

「怎麼了？」

「她走了……」

「走了？」老闆有點錯愕。

「老闆，多謝你多年來的照顧。」老伯伯站了起來，把一張二十元鈔票塞到老闆手上。「我應該不會再來了。我怕吃着這裏的下午茶，不期然會想起老伴……」

（二）

在一間舊式茶餐廳內。一位青年找了一個近收銀處的卡位坐下了來，掃視着掛在牆上的餐牌。

「靚仔，吃什麼？」夥計走到青年面前，介紹他吃招牌菜。「下午茶餐吧，抵食夾大件。」

「下午茶餐嘛……」青年想了想，「我想要……」

「要什麼？」

「奶油多，飛邊、烘底、多奶、少牛油。」

「喝什麼？」

「熱鴛鴦，多啡、走奶。」

夥計點點頭，向着水吧大喊道：「一份老趙餐。」

水吧馬上放下手上的工作，說：「老趙？」

夥計聽到「老趙」二字，也嚇了一跳，回頭望了一望，然後又走到青年面前說：「不好意思，你要吃什麼？」

夥計、水吧、坐在收銀處的老闆娘，甚至是茶餐廳內的幾個熟客，無不望着青年，靜靜的聽着他點餐。

「奶油多，飛邊、烘底、多奶、少牛油。」

「喝什麼？」

「熱鴛鴦，多啡、走奶。」

夥計稍定一定神，說：「奶油多，飛邊、烘底、多奶、少牛油；還有熱鴛鴦，多啡、走奶。」

茶餐廳內的人，紛紛露出奇怪的表情。

青年大概也感受到氣氛有點怪異，對夥計說：「沒問題吧？」

「沒什麼、沒什麼，」夥計笑着說，「很少人像你一樣，點奶油多和熱鴛鴦，還要有這麼多要求。」

「原來如此。」青年也笑着說。

幾分鐘後，夥計端着奶油多和熱鴛鴦，遞到青年面前。

茶餐廳內的人，又再次將視線凝聚在青年身上。

青年拿着手提電話，對着奶油多和熱鴛鴦左拍右拍，然後才滿心歡喜的，準備品嚐美食。

「很香。」青年拿起杯，向熱鴛鴦深深吸了一口氣。但當青年呷了一口，就「咳！」了兩聲。

夥計走到青年身邊：「你沒事吧？」

「沒事，只是熱鴛鴦有點苦。」

「多啡走奶，肯定是有點苦的，你沒喝過嗎？」

「沒有。」青年苦笑着。

「沒喝過又懂得這樣點餐？」

「爺爺很喜歡吃這個的。」

「你爺爺？」

青年點着頭：「爺爺很喜歡在這裏吃這個餐，十多年前曾帶過我來一次，我還記得，爺爺就坐在我這個位置。」

「老趙是你的爺爺？」夥計好奇的問。

「是。上星期，我才從外國回來，可惜還是看不到爺爺最後一面。」青年拿着奶油多，吃了一口。「很好吃啊！」

「你知道嘛，只有你爺爺才會這樣吃。」夥計繼續説，「每天準時三時半，你爺爺都會來到茶餐廳，坐在這個位置，吃這個餐，所以，我們索性叫這個餐做老趙餐。」

「老趙餐嗎？原來爺爺也吃出了名堂，很有意思呢。」

「那你還會再來吃這個餐嗎？」

「當然會再來，但我要工作，不可能像爺爺一樣，每天都來吃一次。不過，逢星期六的下午，還是可以的。」

夥計大聲說：「老趙走了，來了個小趙，以後老趙餐要改名做小趙餐啊！」

茶餐廳內的人都笑起來。

青年體會到，舊式茶餐廳吃到的不僅是美食，還有一份濃厚的人情味。

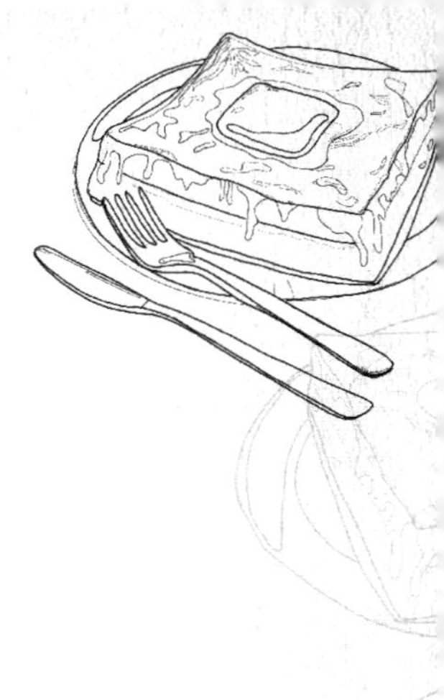

4.5 茶記是盛載往事的壓縮空間

茶餐廳的下午茶時段人流較少，小小的空間，卻記載了不少茶客的往事回憶。老闆和夥計在下午茶時段相對悠閒，較多機會與客人談天說地閒話家常，互相認識並建立感情，建構共同回憶；不過，獨行的食客也可在夾雜着人聲和電視聲的空間中沉思，安然讓思緒飛到千里之外。

香港咖啡紅茶協會主席黃家和先生於 2009 年發表過一篇短文〈茶餐廳：香港精神與文化〉，當中提及茶記有三個超越果腹功能的深層意義，值得參考。

一、人情味濃

茶餐廳客人以街坊為主，幾乎兩、三代人都是「熟客仔」，與夥計之間很有默契。當「熟客仔」還未開口，夥計就說：「照舊嗎？」所以，「熟客仔」走入茶餐廳，猶如回到家中一樣，很有親切感。

黃家和說：「這些街坊小店，你可以隨時去光顧，去得多亦可和街坊與夥計閒話家常。上年紀的經常在餐廳內談談往事，說說自己的威水史；主婦們買完餸，亦跑進餐廳內找老闆聊天；情侶們更以茶餐廳為相約的地點。此外，茶餐廳也是談生意的場地。若你要談馬經，有些老闆奉陪，你要說『南巴』大戰，（即早年九龍巴士足球隊與南華足球隊的對賽），有些夥計更可說得手舞足蹈。」

不過，也有不少客人獨來獨往，除點餐外不多說一句話。夥計不會打擾他們，只管記着其喜好，安靜地落單。卑微的夥計不但為客人落單，也是社區生活史的記錄者。在茶餐廳內所吃到和嗅到的，不僅是麵包和奶茶的香氣，而是一道人情味。

二、集體回憶

香港有不少茶餐廳以懷舊為主題，裝修得很有特色。雖然，它們不能和真正的老店媲美，但懷舊的味道賦予客人想像力，讓食客腦海裏泛起一幕幕粵語長片或經典港產片的畫面。相比起現代化設計、連鎖集團式經營的餐廳，茶記活潑得多，讓人吃得更開懷。

黃家和形容得很貼切，說：「茶餐廳的格子階磚地，木卡位及食品十分平民化；絲襪奶茶、菠蘿油、蛋撻，都能夠勾起一種味道，一種情懷，而且一說出來，大家都能分享這共同的生活經驗，引起共鳴」。現在有不少人專程到懷舊茶餐廳去品嚐美食，還要拍照留念，彷彿到了旅遊景點一樣，別有一番風味。

三、香港精神

茶餐廳有很大靈活性，可因應人的口味而作出變化，也可按手上的食材配搭出不同口味。黃家和這樣形容：「能兼容並包，涵括中西式食品，咖啡奶茶，粥麪，甚至鋸扒，廣東小炒，隨時代之轉變而不斷演化創新」。的確，不同茶餐廳有不同口味，正好體現出他所說茶餐廳特質：「生命力強，不會定型，故茶餐廳不單是一種餐種，是代表着一種港式飲食文化。」而這種文化，正與香港人靈活多變的特性不謀而合。

不願記起，只想解慰

/張佑寧

日光在掛晾了白色無袖汗衣與內褲的窗戶上的空隙、或衣物與衣物的交疊處，被過濾成苟延殘喘的光點，在布料的孔洞後組成一塊網，撒進阿Q深沉的午睡中。這些光點是一種預告，每當風和日麗，他總會在夢裏憶起一些輕柔的片段——例如每天下午課後，母親到校門外伸手接過他的帆布書包，掏出小手帕替他擦去額角上的汗點，然後拉着他幼嫩的手到校門轉角那家茶餐廳；他用小嘴大口大口吃着，那個烘烤得焦脆的菠蘿油，在淡藍色的膠碟上，最後連一點碎屑都不剩。

阿Q的夢非常真實，並總夾雜着一股麪包的香氣——那是因為從他家樓下的綠色階磚樓梯往右拐，便是一家庭式作業的麪包店。每近中午，當麪包被早上趕坐車去、剛下車來的上班族一掃而空，新一輪麪包就快將出爐，往上飄來陣陣麥香。阿Q近來並沒有使用鬧鐘的必要，實實在在的麪包香總緩緩地將他拉回比夢更虛幻的分割式單位裏去——在雨天，或許會夾雜了一種青澀的提示。

天花板上吊下來的電視機頂覆蓋着厚厚的灰塵，那是由於阿Q從不好好的注視過它。打從他被年輕的上司從保險公司辭退了以後，即使泛白的鬍子長到了不能忍受的長度，也無法下決心刮掉，更感到電視節目的無聊與它所發放的信息的多餘。他無法依僱員合約取得任何離職賠償 —— 制度都是為了在上位者而訂定的 —— 他本來深信一切制度，每天如履薄冰，卻至此才領悟到這事。

曾經，另一位女子替代了母親的角色，與阿Q一起生活、照顧他的起居並滿足他的一切需要 —— 包括生了一個小孩；後來，那女子便不曾再好好的注視他，就如他不曾再好好的注視他房間裏的一切，甚或生出厭惡。一聲不響地、如同帶走一個包袱那樣，她帶走了他們的小孩、與他對父親僅存的任何記憶，阿Q搞不清這到底是在麵包店休息的日子裏所做的夢，還是一個在現實中無法避免的循環。

待業的個多月間，不修邊幅的鬍子搭配汗衣，與走在街上的方向，都成為了一種慣性 —— 一陣風颼颼從上方的風閘向灰濛濛的玻璃門頂吹落，又把他輕微脫髮的頭頂吹出一個明顯的凹痕。那五、六個坐在最靠近門邊的一張長桌的年輕男女，對於阿

Q 的闖入全然無動於衷。

「你説，最終阿Ken 還是 Stephanie 會坐上總經理的職位？」Minnie Au 説着，提起瓦杯呷了一口鮮檸紅茶，尾指指尖反復輕拈着杯底那道因缺角形成的凹痕。

「我覺得阿Ken可以將公司內部的東西打理得井井有條；但對外的交際應酬，誰都看得出他不擅長呢。這樣很影響公司的形象吧！」Bunny Yeung 邊説，邊用小鐵匙攪拌着瓦杯中的奶茶，又舀起表面那一層凝結了的茶塊，一口送進嘴裏。

「誰紮職也好，我們這些『爛頭卒』都是只有看的份兒啊。」Dash Lee 用小鐵匙猛戳着瓦杯中乾涸的檸檬片。

「很快就揭盅了。」阿Q 在狹窄的通道中擠身走到水吧旁的卡座，那個似是為他預留的位置坐下（而幾乎每天他都在那裏被飲品濺到背部而不自知）。

「……為慶祝邊境購物節，本市昨晚在邊境購物區舉行歷時二十分鐘的煙火表演，一起來看看……」

茶餐廳慣常播放着普通話新聞頻道。新聞報道員以觀眾不熟悉的語言，快慢有致地朗讀着辭稿；阿Q 搞不清楚報道的對象到底是誰，語言對於它的觀眾而言如此陌生，甚至使他懷疑，一切不過是虛構 —— 就只差黃金時段節目的那一句免責聲明，説服觀眾真的是「純屬巧合」。

茶餐廳老闆把電視機放置於一個連爬梯子都難以清理的高處的一道嫌隙內，阿Q 仰着頭，仰得後頸發酸，茶餐廳裏的人們卻自顧自地高談闊論，或狼吞虎嚥，形成某種強大的氣場，完全隔濾掉任何新聞報道員傳達的資訊。

打從數年前，小城經歷了一場輻射洩漏災害後，這裏的任何人都清楚知道，圍繞着摩天大廈頂層那無數枝魚骨天線混和無線電通訊系統，會為他們的腦部帶來極為負面的影響。可是，人們依舊在位處於最繁忙區域的茶餐廳裏、在充斥着輻射與微塵的煙霧一般的空氣中，熱切交換着鼻息 —— 誰都沒處可逃，於是叮叮噹噹在奶茶瓦杯上敲打上新的訊息，在衰弱的肺部和腦疾的威脅下，他益發相信，人的確是生而平等的。

「唔該寫嘢！」「常餐A，凍檸茶走甜少冰！」

「沙嗲牛肉包，熱奶茶！」「畀件西多啊姐！」「唔該！」

面對着困室內此起彼落的呼喚，萍姐倒是一副氣定神閒，她從墨綠色圍裙的口袋裏掏出紙筆，矯健地穿梭於座位之間狹窄的通道，攪動着一陣散不掉的油香；那油香混和空氣中的塵埃，在阿Q 頭上的大時鐘表面形成了一層無法清洗的污垢；兩支被圈養的指針在污垢背後爬升、發亮、然後下降，在圓形金屬框內執行倒數的工作。阿Q 望着時鐘，暗自慶幸自己可以悠閒地看着時鐘奔波勞碌——

他在數秒後壓止了這個怪異的想法。

「萍姐，菠蘿油加杯凍奶茶，唔該！」

萍姐穿着黑色健康鞋，從水吧走到阿Q 的座位前，用儘可能少的油墨記錄下他的需要，然後撕成一張俐落的單據；又把另外一份寫着相同內容的手寫單，釘附在重複使用的電腦條碼卡紙上，再攝進桌面玻璃下方的那道空隙之中。她用姆指壓一壓破舊的卡紙，「冬T」便隨着紙角翹向下成了一個倒三角形，緊緊扣住桌邊。萍姐鳳舞般的字體總讓阿Q 覺得親切。

卡座斜對面的一張長桌坐着一羣身形瘦削的健身課程推銷員，正對着碟頭飯大快朵頤，豪邁的吃相卻掩蓋不了小城裏普遍的人患上的疲憊症狀；與他一起坐一個卡座的化妝品初級營業員Nancy正一小口一小口地吃着一碗燒鴨瀨粉，避免油亮的湯汁從滑溜溜的瀨粉間濺出。他忽然又想起年輕的上司，年紀大概就跟Nancy差不多。

電視機忽爾傳來噼哩啪拉的聲響。畫面出現了幾個薄弱而扭曲的笑面，在沙頭角的夜空中閃爍着，將地上一座偌大的建築物映照得紅紅綠綠；四周疏落的樹叢襯托下，建築物像從平地生出的一隻異物，在大概是頸項的位置掛着一條鮮黃色的橫額：

「邊境購物節十五周年」

「啊，已經十五年了嗎？」

購物城曾經是阿Q外公的家。上小學時的每個暑假，母親都會帶他出個小遠門，到外公的家住個三數天；當他在外公的菜田的阡陌間奔走，外公便坐在石屋簷下那張籐椅中，搖着葵扇、笑瞇瞇地看他頂着那過大的彩色太陽帽，用鏟子從水道中盛起一瓶蝌蚪；有時候幫忙收成田裏的瓜菜，有時候清理石縫處一串串粉紅色像迷你葡萄的福壽螺蛋……

久遠的畫面就像電視熒幕上扭曲的煙火與笑臉，一閃即逝卻又毫不讓人意外。他想起上個週末，往銀行辦理一些必要手續時遇上的櫃台服務人員。那位服務人員笑容可掬—— 直至她發現所有投資產品的推銷手法對阿Q 都不湊效。阿Q 無法以離去表達他的不滿，他站在櫃台的玻璃窗外，凝視着她完成既定的程序，想像女兒工作的模樣，祈求她並不像眼前的櫃台服務人員。

「蛋撻出爐！蛋撻出爐！」

恍神之間，麵包師傅雙手將大焗盆舉到頭上，從水吧後的餅房直衝至大門旁的餅櫃，俐落一甩，將鋪得密密麻麻的一盆金黃甩進餅櫃上的一個鋁盆中。不消一會功夫，萍姐已將半盆新鮮出爐的酥皮蛋撻分派到每一桌的食客面前。阿Q 骨碌骨碌看着一碟碟香氣四溢的酥皮蛋撻在茶餐廳來來往往，卻始終沒有跟着Nancy下單。

他掏出剛購買的二手智能手機。住他隔壁分割式單位的一對年輕夫婦，根據他女兒的電郵地址，幫忙找到了她的社交媒體帳號。阿Q 打開那早已過氣的應用程式，納悶間被一則動態更新抓住了眼球：

妮妮
2 分鐘前 · 香港
洲際酒店大堂酒廊 · 維多利亞港

熒幕上那些精緻點心背後的維多利亞港蔚藍如昔，愈來愈窄的港灣卻無論如何也沒法用手機程式來還原。阿Q 對於一些在慣性之中發生的轉變，始終不能釋懷。他看着 Nancy 拿起最後一個酥皮蛋撻（而他的菠蘿油跟凍奶茶仍未見蹤影），被豬油染得半透明的墊紙從她指間徐徐飄落，上面是用紅色油墨印上的「歡迎光臨」與簡單的紋飾 —— 彷彿是對於無法修補的現實的某種解慰藥。

既然下午茶的名稱是 Afternoon Tea，

便不能缺少飲品，飲品當然是Tea。

香港人對奶茶研究專精，

可能比英國人更考究。

5.茶，是下午茶的精粹

5.1 港人令奶茶盡善盡美

在英國人心目中，下午茶的茶，是一杯香濃的西式奶茶，即牛奶配紅茶；後來傳到香港後演變成港式奶茶，又稱「絲襪奶茶」。港人不斷鑽研高超的技巧提升奶茶的質素，並變化出茶走、飛沙走奶等多種港式配方。

英國人喝茶有很久的歷史，於1650年代已開始喝茶。茶葉是昂貴的物品，只是富有人家才會在咖啡廳喝茶，亦有上流社會人士在家中使用茶葉泡茶，以接待友人。由於茶葉太矜貴，喝茶並沒有成為普及文化。直至有商人從中國及日本大量引進了茶葉、茶具，才在英國流行起來。

據説，英軍在戰爭期間喜歡喝茶，因為可讓士卒聚首稍息，互相安慰和鼓勵。但軍隊的飲用水一般以油桶運送，加上軍人多數用印度的碎茶葉沖茶，口感十分差。於是有軍人用網隔去茶葉碎，再混入奶和糖，以掩蓋油的味道，令茶更加幼滑，成為了英式奶茶的雛型。

當傳入香港後，奶茶有什麼轉變呢？港式奶茶的特色，是選用混合而成的茶葉，最少會混合三種茶葉泡製茶底。而且沖泡過程十分講究，茶葉、水溫、奶的分量都要計算清楚，以達到奶茶色、香、味俱全之目的。經過無數次的訓練、掌握了獨特的配方，再加上熟習的手藝才能稱為奶茶王。

沖茶的要訣是「撈、沖、焗、撞、回溫（再焗）」，完成這些程序後，把茶倒進已放入淡奶的茶杯內。師傅把水壺提高讓水衝入茶袋，當茶葉受到衝擊便會浮起，讓每片茶葉充滿水分並釋出茶味。

「絲襪奶茶」是香港奶茶的專有名稱，很有地道風味。所謂「絲襪」並非女士所穿的絲襪，而是個棉織紗網袋。網袋本來是白色的，但經過多次過濾茶渣，白色的網袋染滿了茶色，外形才看似絲襪。目前大部分店子會把網袋連在一個金屬圓框內以便沖泡。據説每個網袋可用約一個星期。

優質的奶茶會有「掛杯」效果，即若奶脂濃度足夠，奶茶就會在表面凝結成啡色的奶衣。單憑文字很難明白其精粹，必須親自品嚐一下才能明白！

《得閒飲西茶》，飲啖茶，食個包，再慢慢傾

/小邦

書名：《得閒飲西茶》

作者：李嘉雯

出版社：三聯書店（香港）有限公司

出版日期：2017 年 7 月

香港無綫電視在 1989 年首播的古裝劇集《蓋世豪俠》，由周星馳飾演的段飛之口頭禪是「不如大家坐低，飲啖茶，食個包，再慢慢傾。」這裏要介紹的書籍《得閒飲西茶》，顧名思義就是指：「有空去喝杯熱奶茶吧！」既然說的是西茶，那麼吃的便可能是菠蘿包了。

作者是一位律師，喜歡文字，也關愛香港。由於她的家人在酒樓裏工作，賣點心養家，所以，她能夠收集和記錄很多關於香港飲食文化的人和事。也是這個原因，作者在 2014 年前寫了第

一本書——《得閒去飲茶》，其中一個目的就是送給媽媽，以及像媽媽一樣，一輩子在酒樓或餐廳工作的香港人。

《得閒飲西茶》是《得閒去飲茶》的姊妹作。兩本書都是作者以飲食為題的專書，描述香港獨有的飲食文化。《得閒去飲茶》在坊間回應不俗，並促成一間同名社企的成立。

作者在《得閒飲西茶》中，重點不是介紹餐廳歷史、食物典故、烹調技巧，以及飲品的沖泡方法，而是想譜寫出香港人自強不息的「茶餐廳精神」。

中國人有句口頭禪「得閒飲茶」，就是說：「有空要敍敍舊。」至於「飲茶」是指中國茶還是奶茶其實不是重點，因為敍舊才是目的。如果有很久不見的朋友找你，請儘快答應對方，相約他飲啖茶，食個包，再慢慢傾。因為在忙錄的生活中，時間和友情都是很奢侈的。

5.2 沖奶茶高手比賽

《米芝蓮指南香港》(*Michelin Guide Hong Kong*)是香港美食的指標，而「金茶王」就是香港奶茶的指標，愛喝奶茶的人一定聽過。所謂金茶王，是源於香港咖啡紅茶協會於2009年開始主辦的國際金茶王比賽，在比賽中獲勝者就是金茶王，即沖奶茶高手。活動舉辦多年，誕生了不少金茶王(詳見香港咖啡紅茶協會網頁)。

沖奶茶比賽除了可提升業界的技術外，最重要是讓市民認識在幕後工作的水吧師傅。因為沖製奶茶並非簡單的工作，而是一門匠心的專業。那年，我從報紙上知道第一屆金茶王得主在洪水橋的大發餐廳工作，便急不及待專程前往「打卡」，品嚐一下師傅的手藝。

香港人真的很愛喝奶茶。毋須用複雜的統計方法，只要走進任何一間茶餐廳，單憑目測，也不難發現有過半食客是點奶茶的。據香港咖啡紅茶協會表示，在2009年香港的港式奶茶銷量高達十億杯，即香港人每天平均飲用超過二百五十萬杯。這個數字是怎樣計算出來，我不得而知，但若説香港人對奶茶是情有獨鍾的，倒也是真的。

金茶王的社交媒體專頁上，有這樣的介紹：「金茶王」秉承提升港式餐飲文化地位的宗旨，自2009年起至今，每年均舉辦「國際金茶王大賽」，除了香港外，更分別於中國內地的華南（深圳）、華北（北京）、華中（上海）、加拿大、澳洲、澳門等地進行分區比賽，邀請不同地區的水吧師傅參賽。

協會於2013年出版了《大排檔·冰室·茶餐廳》一書，介紹香港獨特的茶餐廳文化、沖奶茶要訣及關於金茶王比賽的事，書中提到沖奶茶六個步驟：

撈茶：把茶袋放在空的茶壺，把粗、中、幼的茶葉拌勻後倒進去。

沖茶：把茶壺放在電爐板上，再用另一個茶壺燒的滾水倒進去。

焗茶：合上壺蓋，把茶焗十分鐘。

撞茶：打開壺蓋，把茶袋拿起，放進另一個茶壺裏。把有茶袋的茶壺放在電爐板上，把茶再倒進去。用這方法來回撞茶四、五次。

再焗茶：合上壺蓋，用較細的火力再把茶焗一分鐘。

撞奶：倒淡奶進茶杯，然後倒茶，喝時才落糖。

■金茶王大賽特刊。

在茶以外，還有更重要的東西

/朱梓軒

出色的水吧師傅，用千方百計沖泡一杯奶茶，怪不得食客願意從千里迢迢前來品嚐。一般打工仔卻沒有如此閒情逸緻，不過每逢上班日子的三點三，不少人會偷偷溜到附近的茶記，又或叫個外賣。究竟，下午茶為什麼有如此這般的吸引力呢？按我的觀察，這可能和餐飲沒太大關係。

在一天之中找到一口合符脾胃的甘茶，在忙碌的生活中爭取一點兒的滋養，也是十分幸福。不過在下午茶時段，他們真的餓了嗎？未必；他們真渴得要緊？也不見得。女的來一杯熱奶茶，男的點一杯凍咖啡，有時連食物也免了，免得肚上贅肉再添兩圈。有時，他們任得飲料放在桌上不管，掃掃手機，看看窗外的風景，甚至走到店外團團圍着吞雲吐霧，說三道四，就像電影《志明與春嬌》的主角一樣，偷偷在這段時間「呼吸」一下。

走到辦公室外，吸幾口新鮮空氣，確實可避免在工作的夾縫中窒息。一頓下午茶是個藉口或因由，讓打工仔暫時避開公務，調整一下身心。

歎下午茶除了有提神、「回魂」的實際功能外，也能帶來一些個人的空間。從小到大，我們被教導要吃得準時，要吃得正經，否則就是飲食習慣不良，影響健康。可是，下午茶卻偏偏不受限制，連吃喝什麼，甚至吃與不吃都不要緊，只要讓我們自由地訂立一個暫停、稍息的時機。

當討論擇偶時，人們也愛以茶作為比喻，說誰和誰是否自己心中的那杯茶。下午茶可貴之處，是我們可以有選擇的自由，過自己喜愛的生活。吃下午茶，是一種生活態度。

下午茶不老套，是很多年輕人的生活日常，
原因是下午茶回應了這個時代年輕窮忙族的需要——
價廉物美、便捷、個人的空間、稍息補完，
而最重要是容讓他們逐步實現夢想。

6.豈只呷一口茶？

6.1 下午茶是窮人恩物，最緊要平

近年，觀塘一間新派素食店推出優惠下午茶餐，一碗素麵及一杯凍飲僅需九元，冷飲熱品同價。區內又有冰室提供五人同行一人免費優惠，每個茶餐平均只需二十多元，包括有多士、炒蛋及湯麵。在西環，也有一間由一對母子經營的茶餐廳，推出十元下午茶餐，供應奶油、油占或奶醬多士，另配一杯奶茶或咖啡。這些優惠，為不少打工仔提振士氣。

不少連鎖食肆也察覺打工仔未能在固定時間用膳，故紛紛加入競爭行列，推出供應期有限的平價茶餐，標明慳錢來吸引食客。有以漢堡包聞名的連鎖食肆推出「十下午茶餐」，逢下午二至六時，購買兩件脆香雞翼加細汽水只需十元，星期六和日除外。有以意大利粉聞名的連鎖食肆，推出優惠歐陸下午茶，客人惠顧下午茶餐兩客，第二客只售九元。有以炸雞聞名的連鎖食店，推出十一元兩個葡撻的優惠；有專賣粥麵的連鎖店推出「十八周年每月驚喜」超值下午茶，魚蛋魚腐河配茶啡只需十八元。

通常連鎖店的優惠都有條件和要求，包括要出示優惠券或讚好其社交媒體的專頁。也有些食肆就某些食品推出下午茶時段優惠，例如有一間連鎖經營的酒樓，在下午茶時段內，限量供應直徑一點五寸的「蝦餃霸」，每隻只售六元。

雖然，部分下午茶餐十元八塊也有交易，但卻要注意，食物分量和質量通常和價錢成正比。一般來說，最便宜的食物是多士，約十至十五元；其次是三文治，約十五元；至於炒粉麵飯便起碼售二十五至三十元。是否抵吃便見仁見智，不過如果凍飲毋須加錢（尤其有檸檬的飲品），一般來說是十分超值。

近年，有人推出 Big Dish、Chope、Eatigo、The Gulu 等手機應用程式，均提供餐飲折扣優惠資訊，讓食客儘快找到平靚正的食肆，想吃下午茶時可參考。

影響生命的連鎖店下午茶

/布正峯

週末兩時二十五分，頸掛耳機、身穿便裝的叮叮和噹噹，推開路德圍吉野家的木門，竟然看見她們的小查老師在排隊買下午茶。兩人不約而同投以奇異的目光，好像看見自己有交數學功課一樣，感覺不可思議。

但這不能怪誰。小查老師上課時，曾以連鎖及獨立快餐店的下午茶數據，教授學生計算價格熱量等比率，課堂完結後，還得出與數學完全無關的結論：如果花得起錢的話，絕不要光顧連鎖快餐店，或者支持林鄭月娥做特首的餐廳。小查老師那頭說完，轉頭就光顧吉野家，實在說不過去。

叮叮和噹噹二女品性單純，沒有絲毫反省欠交功課對一個老師來說可以是何等討厭，在處處空位的餐廳內，竟然還捧着兩盤牛肉飯、大方請求坐在小查老師獨佔的四人桌，聊聊天。用她們鮮活的講法，就是「R水吹」。小查老師雖然正在放假，但也不忍拒絕學生。席間，她們問及老師何以出爾反爾，光顧連鎖快餐

店。小查老師見她們還記得該堂的結論，頗感安慰，便將事情始末娓娓道來。

*　*　*

中文大學，位於新界馬料水，靠山面海，人傑地靈。小查在那裏讀教育文憑的時候，除了學習教育心理學和道德教育等實用課程之外，還學會了在沙田市中心的吉野家吃下午茶這種超實用知識。十六元！牛肉飯、牛肉汁、凍奶茶、冷氣梳化，當時只售十六元！小查毋須計算，便知道這絕對是最便宜最飽肚的下午茶餐，其他餐廳無法比擬。

金融海嘯淹死雷曼兄弟之後，也順手淹沒剛剛畢業的小查。幸好，他每天晚一點起牀，餓一會兒肚子，等到兩點二十五分，便可以步行到當時荃灣唯一一間吉野家吃下午茶。與許多初駐香港的品牌一樣，吉野家的裝潢色調鮮明，服務形象專業（只賣牛、雞，和牛拼雞），員工年輕活潑，某位收銀員妹妹更長有標緻五官。小查為人理性，若收銀妹妹負責的人龍比旁邊四眼仔的人龍長，小查絕對會找四眼仔。

首三個月的平日，小查手提一部電腦，佔一個靠窗的梳化座位大做文章。仗着一杯茶，一碗飯，他一坐便坐上幾個鐘，直到電腦沒電，或者要回家吃晚飯才離開。身為一個不入流的全職作家，小查經常產出合乎自己水平的文章，今天寫好的章節，明天就看不下去了，刪掉也不可惜，反正也沒有人着急要看。在時運高的日子，賣文賣到幾百塊錢，便自覺是個高人一等的失業漢。如是者，小查錢包拮据，精神勝利，過得倒也快活。

這個世界，或許有失敗的有錢人，卻絕對沒有成功的失業漢。餘下半年情況急轉直下，失學和失業不單令小查失去經濟能力，也逐漸乾死了他的文學土壤。但他不愧為正直有為的男子漢，失去精神寄託後，他並沒沉迷毒品和濫交等高消費活動，只管睡覺。他愈睡愈累，愈累愈睡，口腦不協調，講廣東話生疏過講英文，壓抑物慾，足不出戶，欠缺社交，自我形象一落千丈。每天兩點二十五分，一羣疑似失業大軍和小查便會準時排隊買飯，明明真金白銀付錢，他卻覺得自己在輪候救濟飯盒。多年之後，他才知道當年身體沒壞掉，該感謝吉野家的良心品質(註一)。

“You, me, or nobody is gonna hit as hard as life.” By Rocky Balboa from Rocky Balboa.

生活的重擊，把日後的小查老師打造得格外謙虛和富有同情心。見到學生聊天不聽課，「你過得充實嗎？」見到學生上堂玩電話，「你過得充實嗎？」學生曠課不上學，隔天小查仍然要補問：「你過得充實嗎？」學生初聽，無不認為小查老師是一位怪叔叔。三數位年輕人因此而覺醒自己的空虛，那是十分有師生緣了。

小查老師本人倒是十分充實，莫講下午茶，趕得及回家吃晚飯已屬萬幸。遇着什麼風風雨雨，有機會吃下午茶，他會選擇光顧一些街坊小店，吃件不太飽肚的西多士，實行回饋社區，抵制地產霸權。

同年，沙田一間分店發生了轟動一時的風化案，涉事男子說不定還煮過牛肉飯給小查吃呢，叫他想想都覺得嘔心。之後集團又好像一般業務停滯不前的食店一樣，開發奇怪的餐單，松露牛、芝士雞、涮涮鍋、炸魚蝦，放棄了牛肉飯專門店應有的風範，跟小查的生活品味愈走愈遠。

*　　*　　*

如今走進路德圍吉野家，可以見到幾位年愈四十歲的太太們拿着抹布出出入入，新奇士鮮橙的裝潢風化成皺皺的大陸柑，滴水穿成的天花大洞補無可補，大紅膠桶在梳化上接水，舖面吸收了多年涮涮鍋的蒸氣後，更散發着類似人們飽飯後的胃氣味道。或許是香港失業率處於歷史低位的關係，兩點二十五分的吉野家人龍極短，收銀婆婆準備一婦當關。若然你在連鎖快餐店撞見小查，別以為他在吃下午茶，其實他以為自己在救濟路德圍吉野家。

小查老師愈說愈唏噓，並不因為憶起在吉野家渡過的患難，而是因為叮叮噹噹一邊聽故事一邊玩電話。次日，叮噹仍然無功課可交，但課後竟然腦抽筋，找小查老師問功課。小查老師使出一招打蛇隨棍，一教便教了一個鐘，因此又沒有時間吃下午茶了，正是以生命影響生命。

註一：2015 年，吉野家邀日本大學研究「連續三個月每天吃一碗牛肉飯對成人身體的影響」。三個月後，發現受測試者營養均衡，無任何不妥。

6.2 下午茶讓港人實現理想

對於不少大學畢業生來說，夢想是在中環甲級寫字樓上班。不過當受聘後，才發現區內的食肆除了價錢昂貴外，午市時間還非常擠湧。大學生平均月薪約一萬四千元，不過在中環餐廳吃一份午餐起碼要花七十元；而大排長龍的連鎖快餐店，午餐的基本消費也要五十元。不甘心捱貴飯的，只好等候下午茶時間。只消餓一會兒，卻便宜多了。下午茶售價相對便宜，若餐飲只叫熱飲，更可每餐多省兩至三元。

對於初進職場的年輕人來說，下午茶是節省生活開支、逃避高消費的折衷，實踐簡樸生活的途徑；而對於儲錢買樓和結婚的人，下午茶也成為他們實現物質理想的階梯，縱使每天只能節省十元八塊。有人進一步開發下午茶的威力，提出以下午茶酒會形式取代傳統晚間的婚宴。

據說，下午茶酒會比晚宴可節省近六成開支，約一百人的下午茶餐飲安排，只需大約兩萬元。只消提早開始、減省內容，便宜多了。

當然，食物方面是一般下午茶食品，即腸仔、沙律等一般長輩們未必喜愛的茶點和冷盤。近年，也陸續有五星級酒店，善用下午茶時段為客人舉辦婚宴，不過所供應的食物質素相對較高，包括飽肚的粉麪飯和熱盤。

有婚宴顧問表示，未來以下午茶形式擺酒的新人會增加 30%。至於「人情」方面也相對傳統晚宴低，大約是傳統的六成，受不少年輕賓客歡迎。下午茶婚宴除了價廉物美外，最吸引年輕新人之處是氣氛較為輕鬆，流程和禮儀都比擺酒簡單得多；整個婚禮可於日落前完成，晚上隨即出發度蜜月，節省不少假期。

下午茶治癒我受傷的情緒

/余龍傑

我在上海住過兩年。站在紅磡的直通火車月台上，看着「上海（沒有中途站）」的標示牌，上海之旅便在離別的淚水中倉皇地展開。我只與鼻酸、哽咽一起躺在直通火車的牀鋪上，沒有認真地吃過東西。下了車，莫名其妙地趕上計程車往復旦大學，虛弱地信任司機不會繞路，付了錢，在緊張的天空下拖着行李辦了入學手續，沒有理會自己拿錯了另一位同學的文件，來到臭氣熏天的宿舍，坐下，方才覺得有點兒餓。

我便往北區宿舍外的街道走，杏樹夾着破破落落的馬路，灰色的水窪安靜地消亡，三時多，許多食肆都關了門，上海沒有下午茶的習慣。好不容易找到一所仍在做生意的，恰巧以招牌自稱「香港餐廳」，便沒有不光顧的理由。

店中裝潢刻意模仿香港的風格，煉奶罐在掌櫃旁堆築成山，吊扇攪動着異鄉的空氣，粵語流行曲綿密地迴盪。餐牌上的下午

茶名目聳在眼前，這屬於香港的英式習俗竟移植至黃沙滾滾的中原大陸上，真教我好奇它的味道。我在香港絕少吃下午茶，怕肥，但偶爾會吃肯德基的茶餐，蜜糖雞翼、葡撻、蘑菇飯，二十多元，這餐廳其他時段的套餐都有點貴。

下午茶一般比午飯、晚飯便宜，但如論及性價比，就是每一元能夠讓你有多飽肚，下午茶似乎比正餐不太划算，這道理適用於一般餐廳，肯德基卻是例外。要數算我吃下午茶的歷史，我還想到一點片段。小時候，父親常帶我到大家樂吃西多士，我喜愛下許多許多的糖漿。我上全日制小學後，沒有機會再吃下午茶，便忘記了西多士和糖漿的名字，在好一段的時日裏，我只知道有一種東西，正方形的，還有一種金色的汁液，十分好吃。到大學時，才把這失掉的名字尋回。

這樣落泊的小吃真適合那一刻的我，我點了西多士和凍奶茶。食物送來時，相貌還不錯，店員恭敬地說沒有糖漿，西多士上只有煉奶。我把它切開，這兒的西多士遠不像香港的鬆脆，奶茶的奶味太重，有點像新疆的風味。店主看我衣着，知我是香港人，很想知道我的意見。下一次來的時候果然就有了糖漿，奶茶的味道也進步了。

吃過以後，步出店子，竟詫異眼前為何有簡化字的路牌？霎時驚覺我原來不在香港，這頓下午茶竟讓我有了置身香港的錯覺，正合李煜詞句「夢裏不知身是客，一晌貪歡」，未來兩年的羈旅真是迢遠。這條街，後來成了我的小說題材。

從上海回港，須得投身職場，開始工作，在中學裏當一個小小的職員。有些上司不太喜歡我，有些上司很會罵人，他們都擅以飲食收買人心，有時候他們會請我吃下午茶。我看着這些精緻的點心，竟覺得它們都不如我在異鄉上海吃的不正宗茶餐那麼能治癒我受傷的情緒。自己當然在工作上經常犯錯，可能就因如此不能得到上司的尊重吧！

2017 年 3 月 27 日獅子山麓

後記

找同事吃下午茶，是一件很難的事

/徐振邦

我愛吃下午茶，不僅是因為饞嘴，而是覺得下午茶有一種讓我可以休息一下的感覺。這一息間的小休，容讓我在都市高壓生活的夾縫中享受人生，是優質的生活提案。

不過，想忙裏偷閒、輕鬆一下的時候，找同事吃下午茶原來是一件很難的事。除了小部分人說要「減肥」而不吃下午茶外，大部分人的回覆卻是：「很忙，不去了！」至於肯結伴去吃點小食的人，分別有消極和積極兩種回應。消極的答覆是：「唉，吃點下午茶也好，今晚可能要做到很晚……」至於積極的答覆，其實也帶着無限的消極感：「好，我還未吃午餐……」

若能夠輕輕鬆鬆地歎下午茶，確實難能可貴。「歎」字用得很貼切，正好說明了吃下午茶的人追求寫意生活。而沒有時間吃下午茶的人，只管以羨慕的眼光，看着前往歎下午茶的同事或朋友之背影，心想：「我也想去歎下午茶呢！」

我一直努力提升生活的滿足感，就算沒有伴，也會爭取機會，獨自在茶餐廳坐下來，點一份下午茶餐。在下午茶時段，坐在茶餐廳裏，的確有一種鬆下來的感覺。雖然，相比高級酒店餐廳，桌面上的並非什麼高級美食，也稱不上是「歎」，但我深信下午茶有讓人休息一下和補充體力的功效，並不在乎價錢。吃完下午茶後，真的是少了點壓力。

在讀書、工作之餘，抽點時間吃下午茶，舒緩一下緊張的情緒，我認為是一個不錯的享受。不信的話，你也可以試一試。

編者結語

奶油多，舊時嗰種味

/呂瑋宗

記得在1990年代初，第一次到內地旅遊，期間在某天的下午茶時段進入一間西餐廳，看過餐牌後點選了一份奶油多。侍應送上後，我赫然發現多士上的奶油並非在香港常見的「煉奶加牛油」，而是造蛋糕用的奶油（Cream）。我感到十分沮喪，只好在極不情願地把整份奶油多吞掉。

雖然，香港人對下午茶的食物質素要求不是很高，但總有一點期望。我們很貪心，吃下午茶時心底常祈求「抵食夾大件」，但其實，只要得到十元八塊的優惠，又或獲得食物質素提升（例如餐飲免費升級為特飲）便很快樂。

昔日，香港人有不少偉大的理想：買車、置業、創一番事業；但今天，這些東西對年輕人來說似乎遙不可及。在夾縫中忙裏偷閒，享受一份小茶餐，想一點開心的事情、憧憬一下未來，已是大滿足。

和涼茶、當舖和玉石不同，下午茶的形象似乎永遠年輕，一點老套的感覺也沒有。這種過百年的泊來餐飲文化，幾乎成為了近幾代香港人的成長回憶。歎下午茶的文化，甚至日漸影響內地。近年，中國華南地區開設了不少茶餐廳，奶油多的味道和香港的愈來愈接近；相反，香港不少專門招呼內地客的連鎖式茶餐廳的奶油多，卻失卻了昔日的香港風味。

香港人常說：「好懷念舊時嗰種味，而家食唔番。」究竟「嗰種味」是什麼東西？是烹調手法、餐廳環境、是人，還是我們的心態？

附錄一

香港下午茶問卷調查

本調查以青少年為主要對象，一班中學生調查員嘗試了解受訪者對香港下午茶文化的認識程度，及對下午茶的看法，成功收回百一百四十五份有效問卷：

年齡

- 12 至 18（26%）
- 19 至 25（43%）
- 26 或以上（31%）

性別

- 男（56%）
- 女（44%）

調查結果及分析如下：

1. 你喜歡吃下午茶嗎？

- 喜歡（67%）
- 不喜歡（33%）

普遍受訪者對下午茶有一定好感。

2. 你認為下午茶是否已成為香港人的正餐？

- 是（65%）
- 不是（35%）

普遍受訪者表示，可以不按時進食午餐（學生則只在假期），很多人在下午二時後才用膳。

3. 你知道「三點三」是什麼意思嗎？（可選擇多於 一項）

- 下午茶時間（83%）
- 休息時間（42%）
- 補充體力時間（15%）

下午茶代名詞「三點三」或許已成為過去，但不少受訪者也知道其含意。靠吃下午茶來補充體力的人不多，大概沒太多受訪者從事體力勞動工作。

4. 你平均一星期吃多少次下午茶？

- 0 次（21%）
- 1 至 2 次（35%）
- 3 至 4 次（22%）
- 5 至 6 次（10%）
- 7 次（12%）

超過一半受訪者平均每星期最少吃一次下午茶。

5. 你最常在什麼地方吃下午茶？

- 高級餐廳 / 酒店（0%）
- 茶餐廳 / 快餐店（62%）
- 酒樓（35%）
- 其他（3%）

普遍受訪者愛往平民化的食肆吃下午茶。

6. 你通常在什麼時間吃下午茶？

- 2 時至 3 時（25%）
- 3 時 15 分（10%）
- 3 時至 4 時（30%）

- 4 時至 5 時（20%）
- 5 時至 6 時（15%）

選擇傳統 3 時 15 分的人並不多，最多受訪者在 3 時至 4 時吃下午茶，大概是因為這是學生的放學時間。

7. 一般來說，你吃一頓下午茶花多少錢？

- 20 元或以下（28%）
- 21 至 30 元（59%）
- 31 至 40 元（13%）
- 41 元或以上（0%）

選 20 元或以下的受訪者人數不算最多，原因是大部分食店沒這個價錢可供選擇了。多數受訪者表示吃下午茶不願意付出太高的價錢。

8. 你有嚐過下列食品嗎？（可選擇多於一項）

- 絲襪奶茶（82%）
- 鴛鴦（23%）
- 蛋撻（100%）

- 菠蘿包（100%）
- 雲吞麵（100%）

鴛鴦可能較偏門，只有少數人喝過。

9. 以你所知，絲襪奶茶、鴛鴦、蛋撻、菠蘿包、雲吞等食物，已列入什麼類別？

- 香港傳統小食（39%）
- 首份《香港非物質文化遺產清單》（14%）
- 香港名牌（42%）
- 不知道（5%）

知道這些食物入選首份《香港非物質文化遺產清單》的受訪者不多，有關當局需加強宣傳。

10.你認為絲襪奶茶和蛋撻能夠代表香港成為特色小吃嗎？

- 能夠（84%）
- 不能夠（16%）

或許人人口味不同，有小部分受訪者對絲襪奶茶和蛋撻的代表性有保留。

11.除了絲襪奶茶、蛋撻等食物外，你認為什麼食物能夠成為港式下午茶的代表？

- 沒有其他食物能成為港式下午茶的代表（88%）
- 其他可成為港式下午茶的代表食物：__________（12%）

部分人認為，街頭小吃如雞蛋仔、碗仔翅、車仔麪等亦具一定代表性。

12.你有試過到高級餐廳或酒店享受下午茶嗎？

- 試過（5%）
- 未試過（95%）

按調查員表示，一般青少年受訪者只透過電視節目知道在高級餐廳或酒店享受下午茶的情況；也有部分人曾隨家人光顧。

13.你認為港式下午茶有什麼特點？（可選擇多於一項）

- 價格廉宜（76%）
- 選擇多樣（82%）
- 美味可口（65%）
- 其他（0%）

大部分受訪者的觀點相同。

附錄二

米芝蓮級的下午茶餐

2016年起，《米芝蓮指南香港》附有「小食推介完整名單」。若想品嚐可按圖索驥，至2018年合共有二十七間小店入圍，你又吃過多少份米芝蓮級的下午茶餐呢？這類小吃未必人人喜歡，但既然小店能入選米芝蓮系列，一定有其特色之處。

街頭小吃店舖名稱	入選年份	地點	美食名稱	備註
十八座狗仔粉	2016、2017	佐敦	豬油渣麪、豬皮蘿蔔	
Butchers Club	2016、2017	中環 / 灣仔	漢堡包、鴨油薯條	
千色車仔麪	2016、2017	荃灣	車仔麪	
第三代肥仔	2016、2017	尖沙咀	潮式滷味：墨魚、鴨胗	
合益泰小食	2016、2017	深水埗	腸粉、魚蛋、豬皮	
Joyful Dessert House	2016、2017	旺角	黑糖芭菲、芒果拿破崙	
佳佳甜品	2016、2017	佐敦	中式糖水：寧波薑汁湯丸	
奇趣餅家	2016、2017	旺角	唐餅：雞仔餅、合桃酥	
Kelly's Cope Bop	2016、2017	灣仔	韓國炸雞、辣年糕	

強記美食	2016、2017	灣仔	糯米飯、豬骨粥、腸粉	
公和荳品廠	2016、2017	九龍城	豆腐花、煎釀豆腐	
坤記糕品	2016、2017	深水埗	懷舊糕點：砵仔糕、白糖糕	
蘭英印尼小食	2016、2017	北角	沙嗲串燒	
利強記	2016、2017	北角	雞蛋仔、格仔餅	
麥記美食	2016、2017	北角 / 新蒲崗	鍋貼、小籠包	
媽咪雞蛋仔	2016、2017	紅磡	雞蛋仔	
湯品小棧	2016、2017	大角咀	燉湯	
叁薯	2016、2017	旺角	焗薯、炸薯	
華園甜品	2016、2017	新蒲崗	港式糖水	
榮安小食	2016、2017	荃灣	車仔麵	
祥興記	2016	荃灣	上海生煎包	已結業
英記美點小食	2016	新蒲崗	雲吞麵	已結業
迦南泰國小食	2016	北角	泰國米粉	已搬遷
Owl’s	2017	尖沙咀	爆米花泡芙	
Fork Eat	2018	元朗	農場新鮮雞	
I Love You Dessert Bar	2018	旺角	梳乎厘pancake	
文記車仔麵	2018	深水埗	豬紅、牛筋、豬手